人から人に伝わる パーソナリティ心理学

ウィラード B. フリック 著
WILLARD B. FRICK

自己探求のワークブック

PERSONALITY THEORIES
Second Edition
Journeys Into Self

菅沼憲治 訳
KENJI SUGANUMA

AN EXPERIENTIAL
WORKBOOK

風間書房

PERSONALITY THEORIES
Journeys Into Self

AN EXPERIENTIAL WORKBOOK
SECOND EDITION

by Willard B. Frick

Japanese translation rights arranged with TEACHERS COLLEGE PRESS
through Japan UNI Agency, Inc., Tokyo

Photo credits: p. 17—Sigmund Freud (Courtesy of the Austrian Press and Information Service,
New York); p. 33—Alfred Adler (Courtesy of the Alfred Adler Institute, Chicago); p. 51—Carl
Jung (©Everett Collection/amanaimages); p. 65—Karen Horney (Wikimedia Commons/File:
Karen Horney 1938.jpg); p. 81—Erik Erikson (Courtesy of Harvard University News Office);
p. 93—Albert Bandura (Courtesy of Albert Bandura); p. 107—Gordon Allport (Courtesy of
Harvard University News Office); p. 123—Abraham Maslow (Courtesy of Brandeis University
Public Affairs Office); p. 137—Carl Rogers (Courtesy of the Center for Studies of the Person)

訳者まえがき

　この訳書の特徴から述べる。手に取ってページを括ると読者は、文章が書かれていない空白の欄に戸惑いを感じられるかもしれない。それは、原著者がまず文章を理解すること。そのうえで、各種のエクササイズに取り組むこと。さらにその後に、仲間同士で一連の体験を分かち合う討論と気づくことを推奨しているからである。そうした体験学習で学んだことを記録する目的で、空欄が数多くつくられている。これにより、読者自身が世界で唯一のオリジナル教科書を創作することになる。原著者の執筆目的が、ワークブックとして具現化しているのもこのような理由からである。

　さて訳書は、一般教養として初めて心理学を学ぶ読者を対象として刊行した。これまで、ワクワクするような感動する心理学の入門書を知ることが少なかった。ある教科書は学問知としての内容は豊かであるが、実践知を学ぶには物足らない。また別の教科書は面白く興味本位の情報で溢れているが、学問知としての内容が乏しい。

　本来、読者の興味と知的好奇心を駆り立てる初心者向きの教科書には、３つの条件がそなわっている必要がある。愉しく学べて、生活者として生き抜く力を涵養し、しかもバックグラウンドの理論をしっかり兼ね備えていることである。

　訳者は幸いにも原著と出会い、この３つの条件を備えていることを知り訳出を思い立った。読者は、自己の人生を棚卸しすることから始め、未来に向けて人生設計を描くことで実践知の習得に役立つ。さらに心理学の初学者は、一つの理論にこだわることなく幅広く学ぶ姿勢を学習出来る。また古くから「謦咳に接する」という言葉がある。直接に目の前の人物から影響を受けるという意味である。登場する９名の著名な心理学者の生き様から学問知と実践知の醍醐味を学ぶことが出来る。

　もし読者が教師であれば、心理学の授業でアクティブラーニングの教材として活用出来る。また注意深く選ばれた９名の心理学者の業績をもとに各種理論の主要概念が簡潔に説明されていているので解説に役立つ。

　なお、訳者は原著には含まれていない図１を掲載した。図１は、読者が訳書の内容を俯瞰的に理解することを容易にするためのものである。原著の初版には７名の心理学者が紹介されていた。しかし今回翻訳した第２版はユングとホーナイの２名が追加されて９名になっている。その章立ては、自己の家族や現在までの人生行路の回想による自己分析に始まり、フロイト、アドラー、ユング、ホーナイ、エリクソン、バンデューラ、オルポート、マズロー、ロジャーズの各ユニットで構成されている。

　まず、読者には、これらの心理学者が精神分析、人間性心理学そして行動理論の３つの学派に分類出来ることを示した。さらに、９名の心理学者を生物─心理─社会モデルの

3軸に位置づけるとこの俯瞰図になることも可視化した。この俯瞰図を参考に各ユニットを読み進め、理解する上での道しるべにして頂ければ幸いである。

最後に株式会社風間書房代表取締役社長風間敬子さんに多くのご助言やご支援を頂いた。こころから感謝する次第である。

令和2年2月

菅沼憲治

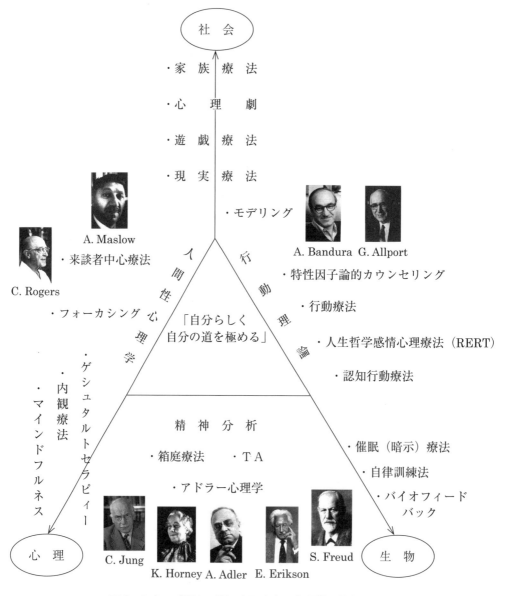

図1　9名の「巨人の肩の上に立ち」心理学の旅をする

トム、イアン、とクリスチーナに捧げる

目　次

学生への覚え書き

　パーソナリティ理論についての人生経験にもとづく本書は、あなたのためのものである。本書は、あなたの教師にとってパーソナリティ理論を教えることをよりエクサイティングなことになるだろうと確信している。もちろん本書は、主に学生であるあなたのためのものである。本書には、次のような内容が含まれている。つまり、パーソナリティ理論の抽象的理論や概念をあなた自身の発達と人生経験とを結びつけるのを助けてくれるのである。このことは、あなたの発達や人生経験という文脈のなかの重要な現実にこうした概念を与えることを可能にし、さらにあなた自身の人生での建設的な力として、あなたの発達や人生経験の多くを活性化してくれるだろう。

　それぞれのエクササイズには有益な概論を書いてあるけれども、これらの概論はテキストの内容を補充するものではない。あなたがエクササイズをやってみる前に、おのおのの理論家の理論的内容と概念的内容を理解することが、本質である。

　本書で、あなたは自分の経験の多くの面を熟考し、違った視点からあなたの経験を調べることを求められるだろう。登場する９人のパーソナリティ理論家は、人間のパーソナリティとその発達について異なる仮説を立てている。彼らの観点のいくつかは、あなた自身の仮説や他者よりも個人的な経験と矛盾しないものもあるだろう。しかし、おそらくあなたは次のようなことにも気づくだろう。つまり、理論家たちはあなたに言うべき何かを持っている。彼らの貯蔵庫である人間のパーソナリティという複雑なモザイクにとっては、少なくともひとつの重要なピースなのである。

　このワークブックから最大限の価値を受け取るためには、あなたはそれぞれのエクササイズに対して思慮深い関心を向ける必要がある。取り組んでいるエクササイズについて熟考するために、毎日静かな時間をとっておくことを薦める。そのようにすれば、あなたの取り組みはマインドフルネス瞑想の経験になるだろう。

　とりわけ、私は、これらのエクササイズでのあなたの作業が楽しいものになることを望んでいる。本書を使う機会があった私のクラスの学生たちの多くは、このようにして自分自身のことをさらに知るようになる体験を楽しんでくれた。多くの学生は、自分のワークブックを大事な個人的記録として保存している。あなたもこのようにしてみたいかもしれない。あるいは後になって、もう一度ワークブックを調べてみたくなるかもしれない。

教師への覚え書き

　もし、心理学のカリキュラムで唯一のコースがあるとしたら、それは概念や理論を学生自身の人生と関係づける機会を与えるべきであり、それこそが、パーソナリティ理論のコースである。本書を発展させるよう導いてくれた学生たちの経験を書こうとすることは、私にはフラストレーションだった。こうした内容を使うことは、私の授業を豊かにしてくれて、パーソナリティ理論のコースは学生たちにとってより興味深く価値あるものにしてくれた。

　このワークブックは、パーソナリティ理論の導入的テキストとして計画されていた。9人の理論家はパーソナリティの研究の基本である。9人を選んだのは、彼らの理論が人間の経験に適合していて、さらに学生たちの人生にたやすく適用できるからである。

　エクササイズのいくつかは、親密な個人的体験を引き出すような反応を求めている。しかし、このワークブックを使ってみて、エクササイズによってプライバシーを侵害されたと感じて動転した学生を持ったことがない。多くの学生は、集中的で訓練された方法による私的な人生経験の重要な面を探求する機会を得たことに、感謝してくれている。

　エクササイズの多くは、クラスルームの外での宿題として行うことができる。そうしたエクササイズでは、学生はもっとも親密な経験を書くように求められるが、それをクラスルームで分かち合うことはない。しかし、いくつかのクラスルーム・エクササイズでは、学生は小さなグループで議論したり、ペアをつくって分かち合いをしたりすることになる。こうしたクラスルーム・エクササイズは、私自身のパーソナリティ理論のクラスを活気づけ、豊かなものにしてくれたので、読者にも勧めたい。エクササイズはテキストの内容と関連があり、同時に、個人的な経験を引き出す。多くの学生は、そうした経験を仲間とシェアーしたり議論したりすることに熱中する。

　このような議論エクササイズは、クラス全体で行うよりも、小さなグループで行うほうが、よりアクティブで開放的であることに私は気づいた。私自身が教えるときには25人から35人の学生がいるが、小さな議論グループをつくるようにさせている。こうした活動のときには、可能な場合、クラスルームの近くの部屋を利用することもある。多くのクラスは、かなり大勢の学生をもっている。もし、あなたの状況が柔軟で創造的なものであるなら、こうしたクラス内議論エクササイズをあなた自身の授業の状況に適用するようにできるかもしれない。こうしたクラス内議論は、あなたにとってもあなたの学生にとっても、有益であると保証することができる。

　私がこのワークブックを使うときには、学生に毎週ひとつのユニットをレポートにして提出させるようにしている。こうしたスケジュールにすると、学生がテキストを読み、講

義に出席することに一致するからである。あなたは、私とは異なるスケジュールを必要と
するかもしれない。私はひとりで、学生が完成したユニットを読み、それらの守秘義務を
担保した上で、適切で助けになると感じたことを、ワークブックにコメントとして書く。
完成したユニットには、プラスかマイナスの評価を与える。マイナス評価の多くは、時間
がなかったり、エクササイズへの思慮深い関心が向けられていない場合である。マイナス
評価だった学生には、少数だがユニットの書き直しの機会がある者もいる。もちろん、あ
なたは自分自身の方法でこの指導内容を活用してもよい。評価することをまったく好まな
いかもしれないからである。

　どのようなアプローチをするにせよ、本書を活用することで、学生の学習を高めるだけ
でなく、あなたの授業をよりエクサイティングで喜ばしいものになるだろうと、私は確信
している。

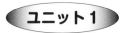

ユニット1

子ども時代の記憶と体験
Childhood Recollections and Experiences

A　家族写真（Family Photographs）
B　家の見取り図を描く（Drawing Your House Plan）
C　記憶を分かち合う：案内ツアー（Sharing Memories:The Guided Tour）
D　家族の食事時間：共同と葛藤（Family Mealtime:Togetherness and Conflict）
E　まとめのエクササイズ（Summary Exercise）

　過去は、あなたのパーソナリティの中に消えない刻印を残すものではない。しかし、あなたが何者であるかという重要な部分ではある。これから明らかになるように、ほとんどのパーソナリティ理論家は、パーソナリティが発達する際の過去の体験の重要性を強調している。しかし、彼らは幼い頃の体験がどのように発達に影響するかについては、意見を異にしている。

　本書を通して、あなたは自分自身の過去と現在の経験について書き出すことになるだろう。続く四つの入門的なエクササイズは、パーソナリティの発達の特定の理論に関連するものではないが、あなたの気づき（awareness）を促し、自己内省（self-reflections）を刺激するように意図されている。

　その後のエクササイズは、あなたの子ども時代の出来事や光景、情緒的体験を刺激するだろう。また、それらのエクササイズは、現在の発達の原因を調べる助けとなるだろう。初期の発達段階で起こった肉体的環境や情緒的な環境を再構築することによって、あなたは意味深いことを発見するだろう。

A　家族写真（FAMILY PHOTOGRAPHS）

　ほとんどの家族にとって、家族写真（family photographs）は、家族の生活や時間の本質的かつ大切な記録を形作る。家族写真は、共有された体験の歴史や家族ひとりひとりの成長と発達を豊かに描き出してくれる。

　私たちは時に、内的探求に促されて、ほこりにまみれたアルバムや、家の隅にしまいこ

んで忘れていた家族写真を見つけることがある。このように過去に遭遇すると、自分の家族の体験にまつわる謎や魅力といった意識を新たにするものである。

　家族写真を思慮深く調べてみることは、家族内力動（family dynamics）や家族関係、家族関係の中での自分自身の発達について有益な洞察をもたらしてくれる。後のエクササイズは、自分自身の家族写真を調べて、こうした可能性について探求する助けとなるだろう。

　あなた自身のある時期を象徴するような家族写真を10枚から15枚集めてみよう。それぞれを調べるときには、次の可能性について関心を向けてみよう。

● 写真には、誰かの「身体的言語」（body language）が表れているか。つまり、家族の中である一定の態度や役割を示すような位置や身体の状態が見られるか。
● 写真には、情緒的な親密さや情緒的な距離を示すような特徴があるか。
● 写真に見られる家族システムには、明らかな「部内者」（insider）、あるいは「部外者」（outsider）がいるか。写真に決して写っていない家族メンバーはいるか。いつもひとりだけ離れていて、距離を示しているような家族メンバーはいるか。いつも写真の中心に写っている者はいるか。
● あなたと兄弟姉妹の中に、常に両親のなかで恵まれた位置に立っていたり座っていたりする者はいるか。
● 写真に見られる個々の位置と、実際の家族関係には、関連があるか。

　一枚の写真を調べるときには注意深くするとよい。あなたと家族の写真がたくさんあればあるほど、あるパターンや中心的なテーマを発見する可能性は高くなるだろう。

エクササイズ　1

　写真は、あなたと家族についての物語を教えてくれるだろうか。家族写真を思慮深く調べた結果表れた観察や発見、感情について討論してみよう。

B　家の見取り図を描く　(DRAWING YOUR HOUSE PLAN)

エクササイズ 2

a　次のページに、あなたが 10 歳になるまでに住んでいたなかで最も重要な家の見取り図を描いてみよう。描き終わったら、静かに座って、各部屋の光景や音や匂い、それらと結びついている体験や感情を思いだしてみよう。

b　その家にはだれが一緒に住んでいたか。

c　あなたのお気に入りの場所はどこだったか。その理由は何か。

d　あなたの秘密の場所はどこだったか。あなたにとって大事なその場所で、あなたは何をしたか。

家の見取り図

e　家の中でもっとも不愉快か、あるいはもっとも居心地の悪い場所はどこか思い出せるか。また、それはなぜか。

f　あなたの家を支配するような雰囲気やムードは何だったか。

g　その家に住んでいるあいだ、あなたにとってもっとも重大な体験は何だったか。その体験はなぜ重大なのか。あるいは、そのことからあなたは何を学んだか。そのことは、あなたの発達にどんな影響を及ぼしたか。

C 記憶を分かち合う──案内ツアー
(SHARING MEMORIES:THE GUIDED TOUR)

　あなたの家の見取り図を描き終わり、ひとりで調べたら、クラスの中でパートナーを選んであなたの家を案内してあげよう。そして、あなたが心地よいと感じる感情や関係を分かち合ってみよう。あなたが家で経験したことをパートナーが「感じる」ことができるように、説明してあげよう。それが終わったら、今度はパートナーの家を案内してもらおう。（このエクササイズがクラスの中ではできないときには、クラスの外の人とやってみよう。）

D 家族の食事時間──共同と葛藤
(FAMILY MEALTIME:TOGETHERNESS AND CONFLICT)

　ほとんどの家族は、食事時間には集まる。食事時間は体験を分かち合い、会話し、やりとりをするための時間である。そのため、食卓は共同と葛藤の中心になりがちである。そして、家族関係の力学は、食卓で起こるやりとりの場で明らかになる。

エクササイズ 3

　家族の食事時間に起きた幼い頃の体験について考えてみよう。どんなムードだったか。家族のやりとりのあいだのあなたの感情と知覚に触れてみよう。特別な光景や会話を思い出してみよう。こうした感情や知覚を書き出して、食事時間に体験したことの影響について、簡単に話し合ってみよう。

E　まとめのエクササイズ

　これまでの入門的なエクササイズをした後で、自分自身について学んだことのなかでもっとも重要なことは何か。どのエクササイズがもっとも価値あるものだったか。また、それはなぜか。

クラスルーム・エクササイズ

　小さなグループに加わり、このユニットで学び発見した重要なことを互いに分かち合おう。20分したらクラス全体で、学んだことについて話し合おう。

ジークムント・フロイトと精神分析理論

Sigmund Freud and Psychoanalytic Theory

A 夢作業 (Dreamwork)

B 不安 (Anxiety)

C 自我の防衛機制
　 (Ego-Defense Mechanisms)

D 自由連想と抵抗
　 (Free Association and Resistance)

E 転移 (Transference)

F まとめのエクササイズ (Summary Exercise)

　フロイトは、最初の、かつもっとも包括的なパーソナリティ理論家のなかでも卓越した存在である。おそらくバンデューラ（Bandura）とロジャーズ（Rogers）を例外として、フロイトは本書に出てくる他のすべての理論の基礎を築く助けをした。なぜなら、それらの理論は、フロイトの理念に基づいているか、あるいはフロイトへの批判として発達してきたものだからである。

　近年、フロイト理論の劇的修正が起こってきているが、フロイト理論はいまだに西欧文化の歴史に深遠な影響をもたらしつづけている。フロイトの理念は、美術や音楽、文学、伝記の研究を批判的に分析する際の支柱となったいる。

　フロイトは、西欧的な思考の歴史における第一人者であるが、彼は自分自身の重要性に気づいていた。私たちの自己世界にフロイトが影響することを、コペルニクス（Copernicus）やダーウィン（Darwin）に匹敵するものと考えていた。コペルニクスは地球が宇宙体系の中心でないことを教え、ダーウィンは「特別な生命」という仮説を否定した。私たちの自尊心（self-esteem）に対してフロイトが与えた打撃は、彼の臨床例に根ざしていた。つまり、私たちは本能よって動かされ、無意識の動機（unconscious motivations）によって機制されている合理的な生き物であるという考えである。

　ヒエル（Hjelle）とジーグラー（Ziegler）（1981）によれば、フロイト理論のなかで最も強力でもっとも基本的な仮説は以下のものである。

1 パーソナリティの発達についての決定論的見地

(Its deterministic view of personality development)

　フロイト理論においては、選択や自己決定の自由（self-determination）はほとんどない。行動は主として本能的な衝動と無意識の力によって決定される。

2 人間のパーソナリティの非合理性への信念

(Its belief in the irrationality of the human personality)

　精神分析によって拡大され強化された自我（ego）のなかにあるわずかな合理性を例外にすると、パーソナリティは非合理的な力の人質である。

3 パーソナリティの不変性という見地

(Its view of the unchanging nature of personality)

　パーソナリティは、幼児期や子ども時代に形作られ、決定される。基本的なパーソナリティの構造は、成人してからも変わらない。本能的抑制には変異があるだけであり、それは昇華（sublimation）による積極的な表現や生産的な仕事を達成しようという希望を伴う。しかし、精神分析においては根本的は変化は考えられていない。

　どのパーソナリティ理論も、発達の意味ある側面を理解することを重要なことであると考えている。以下のエクササイズで、フロイト理論のいくつかの側面を確認することができるだろう。

A　夢作業（DREAMWORK）

　フロイト理論と分析において、夢（dreams）は重要な位置を占めている。フロイトにとって、夢は無意識への「王道」（royal road）であった。夢は、無意識の思考や感情、欲望の歪曲された代用品である。夢は歪曲されるために、二つの側面をもつ。(1) 明らかな内容（manifest content）——覚えていて意識されている夢——他の人に話す夢 (2) 潜在的な内容（latent content）——フロイトにとってもっとも重要な特質であり、象徴的で歪曲された夢という側面をもつ。こうした歪曲は、深い意味を反映し、内包していて、夢を見た人には気づかないものである。

　フロイト理論によれば、夢の目的は想像力によって希望や衝動を実行することである。心配や心の痛みから自分の身を守るために、そうした希望や衝動が、象徴的な仮面として夢の中に表れるのである。

エクササイズ　1

　ベッドのそばにこのワークブックを置いて、一週間夢を記録しよう。夢を見て目覚めたら、電気をつけて（ペンライトが便利だろう）すぐに夢を書きとめよう。夢を忘れてはいけない。夢の本質をすぐに獲得しないと、忘れてしまうだろう。

　まず、夢の明らかな内容を書きとめ、次にひとつの夢を選んで、その夢の潜在的な内容について話し合ってみよう。夢の潜在的な意味や重要性についてよく考えてみるように配慮しよう。よく考えるために時間を割いて、夢のさまざまな側面から連想されることをすべて書き出してみよう。あなたは、そうした連想を現在の不安や希望や怖れと関連づけることができるだろうか。

1週間の夢の記録の明らかな内容

夢1　明らかな内容

夢2　明らかな内容

夢3　明らかな内容

夢の潜在的な内容

B　不安（ANXIETY）

　あなたが不安（anxiety）の経験に取り組み、このワークブックを続ける前に、ひとつ警告しておくべきことがある。不安を経験することは正常な経験であり、私たちにとって多くの場合建設的なことであるといってもよい。不安は、用心深さを増し、行動を高めるかもしれない。しかし、過度の不安を経験することは異常でないこともある。このことは、フロイトのモデルが説明するだろう。不安に悩まされても、神経症（neurotic）にならないことがある。こうした原理は他の理論にとっても有効である。本書では、パーソナリティについての不安の問題や神経症の発達の問題を扱っている。

　しかし、不安は私たちが経験するなかでもっとも苦しい感情のひとつである。不安には、漠然とした心配や危険の予告や差し迫る危機への気がかりな気持ちといった特徴がある。そのような痛みがあるために、私たちは健全な戦略や不健全な戦略によって、不安が起きるのを避け、不安の度合いを少なくしようとするのである。不安は、生きていくうえで避けられない局面であり、社会的存在としての局面であり、不安をうまく処理することは健全に発達するための鍵である。だから、不安という観念がパーソナリティの理論において中心的な役割を果たしているのは驚くべきことではない。

　不安の対象や不安の根源については、様々な意見がある。しかし、多くのパーソナリティ理論家は、不安が私たちの存在への根本的な怖れを知覚したことを象徴しているという考えに同意している。

　不安は、フロイトのパーソナリティの発達の理論において、重要な役割を果たしている。フロイトの不安の解釈は、いくつかの発達段階を検討しているけれども、フロイト理論の最終段階では、フロイトは不安を自我機能（ego function）とみなし、差し迫る危機に対して自我に注意を喚起する重要な信号機能を不安が果たしていることを強調した。

　フロイトは、3つの原初的な原因から、自我（ego）が怖れや潜在的な怒りに反応しているという見地に立っている。それは環境とイド衝動（id impulses）と超自我（superego）である。フロイトは、不安の三つのタイプを発見した。

1　**現実的不安**（Reality Anxiety）は、自我が外部世界に依存していることを反映している。そこでは環境が危険の主観的原因を象徴している。こうしたタイプの不安は、主観的で現実的な怖れ（たとえば奨学金をもらえないのではないかという不安など）の象徴のすぐ近くにあり、もっとも神経過敏になりやすい。

2　**神経症的不安**（Neurotic Anxiety）は、自我がイド（id）に依存していることを示し、自我が原初的な衝動から圧力を感じるときに生ずる。原初的な衝動は意識的なものになる怖れがあり、衝動的あるいは破壊的なやり方で行動するようにし向ける怖れがあ

る。神経症的不安は自我の警報システムであり、イド衝動が解放され表現されようとしている信号である。神経症的不安が出現するときは、もともとは漠然としていてあいまいなものである。つまり、神経症的不安のもとで感じる漠然とした考えや心配ごとや不快感が（現実的不安のなかにある明白なものはない）、主な特徴である。そこでは明らかに精神生活での無意識相が作用している。しかし、このような不安に対処する方法として、漠然とした感情は客観的な状況や具体的な状況と結びついているかもしれない。こうした場合の神経症的不安には、激しい感情や誇張された行動が見られる。たとえば、エレベーターの中で閉所恐怖症になったりパニックになったりするような場合である。

3　**倫理的不安**（Moral Anxiety）は、自我が超自我に依存していることを示し、自我と超自我のあいだに矛盾があるときに呼び起こされる。たとえば、イドが非倫理的な考えや行動に対して闘っているようなときである。超自我は、心の倫理警報であり意識されているものなので、自我が正常な必要性を表現することを怖れるようになることもあるのである。超自我（抑圧された親としての規範）に反するようなことを考えると、罰を受けることを怖れる気持ちが呼び起こされ、強い不安や罪悪感が生じる可能性がある。

エクササイズ　2

　以上のような不安の3つの基本的タイプを心に抱いて、「不安である」という自分自身の経験を思い出してみよう。そして、人生で時折感じた不安の根源をそれぞれのタイプと結びつけられるかどうか確認してみよう。

　不安の各タイプについて、あなたが不安になった状況や不安感や不安の影響を書き表してみよう。

●現実的な不安の例となる経験

●神経症的な不安の例となる経験

●倫理的な不安の例となる経験

C　自我の防衛機制 (EGO-DEFENSE MECHANISMS)

　私たちはみな、不安という脅迫から自分の身を守るために、心理的防衛戦略（psychic defensive strategies）を使っている。フロイトは、心的防衛（psychic defense）という概念は主要な精神力動（psychodynamic）の原理であるとした。また、痛みを感じたり受け入れがたい思考や不安の衝動から自我を守るために作られた防衛過程と関連づけた。

a　あなたの防衛システムにおいてそれぞれの防衛機制が果たしている役割を意識してみよう。それぞれの防衛機制のもとで、あなたの人生での現時点の自己防衛として、防衛機制がどれほど重要であると感じているか、書きとめてみよう。その中であなたにもっとも貢献しているものにアステリスクを付けなさい。あなたの人生でそれぞれがどのように作用しているかという特別な例を述べるようにしよう。このエクササイズに答える前に、以下の5つの防衛機制の定義を明確にしておくこと。

投影（Projection）

合理化（Rationalization）

否認（Denial）

退行（Regression）

昇華（Sublimation）

b 私たちは傷つきやすく弱い生き物であるので、防衛機制は人生においてとても役立つ目的を果たしている。しかし、防衛機制は混乱や自滅（self-defeating）につながることもあり得る。おうおうにして、防衛機制は現実をゆがめ、誤った知覚や不適切な行動に私たちを導くかもしれない。したがって、もし人生においてある種の機制が習慣となったり支配的となったりすると、その機制は個人の成長を妨げるかもしれない（フロイトは、昇華（sublimation）こそが唯一の健全で積極的な防衛機制であると考えた）。あなたは、防衛機制は自分にとって破壊的で、また人生の重要な進路において邪魔なものであると感じるか。話し合ってみよう。

D　自由連想と抵抗 (FREE ASSOCIATION AND RESISTANCE)

　自由連想（free association）は、抑圧された感情を見つけたり、無意識を意識へ至らせるための精神分析的技法である。フロイトや他の臨床家がこの技法において経験した困難のひとつは、クライエントが自我を守ろうとしつづける抵抗（resistance）という現象だった。以下のエクササイズで、あなたはこの技法と抵抗の問題を体験することになるだろう。

エクササイズ　4

a　ひとりの静かな雰囲気の中で、あなたの自由連想を 15 分間、テープに録音してみよう。意味や論理的関係や社会的因習などには注意を向けないようにすること。その間に浮かんだどんな言葉も思考も感情も、言葉で表現してみよう。その際に、自分の思考を規制したり、修正したり、分析したりしないようにしよう。ただ浮かんでくるままにするのである。

　15 分間の自由連想が終わったらすぐに、このエクササイズで経験したことを記録しよう。あなたはどのように感じたか。このエクササイズを行った中で生じた主な抵抗の形態はどんなものだったか。話し合ってみよう。

　おそらく、クライエントにもセラピストにとっても技法には難しさがあると、あなたは洞察するだろう。

b　何日か経ってから、あなたの自由連想を振り返ってみよう。録音テープを聞いてみてのあなたの反応は、どのようなものか。何か新しい連想や意味づけがあるだろうか。

E 転移 (TRANSFERENCE)

転移 (transference) とは、精神分析の際に分析者とクライエントのどちらもが経験しがちな現象である。転移はある種の置換 (displacement) でもある。クライエント (そして／あるいは分析者) は、クライエントの人生の初期に他の個人に向けられた衝動や望みや気持ちを、言語や非言語で表現したり行動したりする。たとえば、母親や父親への抑圧された怒りや憤り (そして／あるいは愛) は、転移の間に分析者への反感や怒りとなって表現されるかもしれない。このような感情は、転移のときに置換されると、極端なものになって、不適切なやり方で表現される。

しかし、私たちの人生でこうした現象が生じることを体験することは、分析を受けるために必要なことではない。私たちは、自分が子ども時代から抱いていた必要性や感情を置換したり「転移」(transfer) したりするような人に出会うことが、しばしばある。こうした人たちは、私たちの人生において特別な意味を持っていて、さらに私たちが必要性や感情を投影し、転移する対象となる。たとえば、実際にはよく知らない人に対して非常に強い感情を抱いていることに気づいたとき、こうした転移現象が明らかになることがよくあるだろう。こうした感情は、客観的に言えば不適切 (inappropriate) である。なぜなら、そうした感情はその人についての十分な知識や体験に基づいていないからである。

エクササイズ 5

説明できないが強い感情を抱いたことのある大学の教職員や雇い主や他の大人 (同世代の人は避ける) のことを考えてみよう。こうした感情は、極端に肯定的 (特別な魅力) であるかもしれないし、否定的 (不安や極端な反感) であるかもしれないし、あるいは両方の要素を含んでいるかもしれない。

a まずはじめに、その人との関係についての客観的な事柄、たとえば関係の長さや性質を言い表そう。

b　その人への強い感情や反応を書き表してみよう。転移の要素のいくつかは、彼あるいは彼女へのあなたの反応を決定づける要因であるかもしれない。

c　あなたの反応がある種の転移であるかもしれないという可能性について考えてみよう。また、あなたは実は自分の両親との関係において抑圧されて未解決の必要性や感情を表現しているかもしれないという可能性についても考えてみよう。しばらくの間このことについて考え、次に、両親のどちらかとの関係と転移の象徴とのあいだにある情緒的な結びつき（emotional connections）を書きとめてみよう。とりわけ、どんな必要性や衝動が転移の象徴（transference figure）に置き換わったかを書きとめてみよう。

d　以上のように置き換えられた感情をより大きな気づき（awareness）へと至らせた後
では、転移の象徴について異なった感情を抱くだろうか。その関係は異なったものになり
うるか。（この質問には、一定の期間の後に答えたいと思うかもしれない。）

F　まとめのエクササイズ

　　フロイト理論のエクササイズを行った後で、あなたが自分自身について学んだ重要なこ
とは何か。あなたにとって、どのエクササイズがもっとも価値のあるものだったか。また、
それはなぜか。

クラスルーム・エクササイズ

　小さなグループをつくって、このユニットで学んだこと、重要だと気づいたことを、おたがいに分かち合ってみよう。20分か30分したら、クラス全体で集まり、あなた方が主に学んだことを話し合ってみよう。

ユニット 3

アルフレッド・アドラーとアドラー心理学

Alfred Adler and Individual psychology

A 早期回想（Early Recollections）
B 劣等感（Inferiority Feelings）
C 誕生順位とパーソナリティの発達
　　（Birth Order and Personality Development）
D 虚構的究極目標（Fictional Final Goal）
E ライフ・スタイル（Style of Life）
F 共同体感覚（Social Interest）
G まとめのエクササイズ（Summary Exercise）

　アドラーが 1902 年に、フロイト（Freud）を擁護する論文「夢解釈」（The Interpretation of Dreams）を出版すると、アドラーは、フロイトから排他的な「ウィーン精神分析学会」（Vienna Psychoanalytic Society）に招かれた。アドラーはこの内密なサークルの一員として、フロイトの初期の仲間のひとりとなった。しかし、アドラーは、フロイトの幼児期の性についての考えや無意識の心理を強調することに満足できなくなってくると、フロイトと学会を支持することをあきらめるようになった。そうして、アドラーはたった 1 年間会長を務めて、1911 年にこの高名なグループから脱退したのである。

　アドラーが辞任するとまもなく、アドラーと彼の支持者は、初めに「自由精神分析学会」（the Society of Free Psychoanalytic Research）を結成した。この学会は、後に、人間のパーソナリティについての異なった仮説に傾倒していることを明確にするために、「アドラー心理学」（individual psychology）を採用した。

　アドラーは才能あるパーソナリティ理論論者であると同時に地域精神医学（community psychiatry）の分野のパイオニアでもあった。アドラーは児童相談所を発展させるリーダーとして、子どもの発達や教育、心理療法、家族カウンセリングの分野で、彼のパーソナリティ理論を有効にかつ実用的に適用した。これらの重要な理論的かつ実用的提案のために、アドラーは広く知られるようになったので、彼は世界中で講師として活躍した。アドラーが 1937 年 5 月に心臓麻痺で亡くなったのは、数多くの講演旅行の最中のことだった。

　アドラーが亡くなると、彼の影響は衰えていった。しかし、過去 20 年間、ハインツ

（Heinz）とロウェーナ・アンスベイカー（Rowena Ansbacher）の仕事によって、アドラーの理論は再び知られるようになり、重要なものとなっている。

　アドラー心理学の理論と実践を専門とする雑誌があり、アドラー研究のための活発なセンターが世界中に存在する。これらのセンターのなかには、シカゴのアルフレッド・アドラー研究所（the Alfred Adler Institute）もあり、そこではアドラー心理学の理論と実践の上級の学位を与えている。

　また、長年のあいだ、アドラーは他の心理学者や彼らの概念に多大な影響を与えてきた。たとえばアブラハム・マズロー（Abraham Maslow）、カール・ロジャーズ（Carl Rogers）、ゴードン・オルポート（Gordon Allport）、ロロ・メイ（Rollo May）、カレン・ホーナイ（Karen Horney）、エーリッヒ・フロム（Eric Fromm）らである。

　アドラー理論とその応用は、私たちの人生や時代において、いまも本質的で適切なものでありつづけている。

A　早期回想（EARLY RECOLLECTIONS）

　　　ある人を理解するためには、その人の記憶を知らなければならない
　　　　　　　　　　　　　　　　　　　　　　　————中国の古いことわざ

　早期回想（early recollections）はパーソナリティを理解し、個人の現在のライフ・スタイル（life-style）を理解する方法として、アルフレッド・アドラーにとって非常に重要なものであった。なぜなら、早期回想の意味を発見することは、アドラー心理学にとってもっとも重要なことのひとつであると、アドラーは考えたからである。アドラーによれば、無原則の選択も「偶然の記憶」も存在しない。多くの可能性のなかで、現在（present）のパーソナリティのもっとも重要な側面を表現し強化するような出来事や経験を、あなたは覚えているだろう。なぜならそれは人生哲学や心配、野望や目標などであるからである。つまり、もっとも早い時期の記憶は、現在のライフ・スタイル（style of life）の重要な側面を示しているのである。それゆえに、ある人の早期回想は、目的と意味をもっているのである。

　早期回想が正確であるかどうかは、重要なことではない。もっとも重要なのは、人生においてある体験を覚えている方法である。何をどのように覚えているかを決定するのは、いまも代わらないライフ・スタイルなのである。

　次のエクササイズをするにあたって、回想（recollections）と記録（reports）を区別することは重要である。回想は、特別な記憶である（たとえば、初めて学校に行った日に年上の少年に押し倒されて、泣きながら先生を探しに行ったことなど）。それに対して記録は、単なる記憶に過ぎない（たとえば、クリスマスにはいつも祖父母の家に行ったこと

を覚えているなど）。このエクササイズのために、一般的な記録でなく、早期回想を述べるとよい。

エクササイズ　1

　最初の回想に取り組む前に、もっとも早期の特別な記憶を 5 つ確認してみよう。重要な感情や情緒など、できるだけくわしく述べてみよう。

記憶 1

記憶 2

記憶 3

記憶 4

記憶 5

早期回想に取り組むための解釈の原則と提案
(PRINCIPLES OF INTERPRETATION AND SUGGESTIONS FOR WORKING WITH EARLY RECOLLECTIONS)

- もし、あなたの回想に一貫性がないと思える場合は、パターンと画一的なテーマを探そう。
- 些細な出来事が、特別なことより重要である可能性がある。
- 回想において、環境は親しみやすいものであるか、あるいは冷淡なものであるか。事故や危険や罰についてくわしく話すことは、世界は危険であると知覚していることを反映している。
- 弟妹が生まれたことを思い出すことは、強制退位の感情を示している可能性がある。
- あなたはいつもひとりでいたか、あるいは誰かと一緒だったか。
- 回想において、あなたは協力的であるか、あるいは競争的であるか。
- 初期の記憶のなかで、あなたは能動的であったか、あるいは受動的であったか。たとえば、受動的な人は、出来事や他の人を見ていたと報告しがちである。
- 回想は学校に初めて行った日に集中しているだろうか。そのような回想は、通常、新しい状況に対する態度を指し示す。

　以上のことは、提案と解釈に過ぎない。あなたは記憶のなかに、繰り返されるテーマと画一的な関係を探したくなるということを覚えておこう。

エクササイズ 2

　あなたが現在抱いている早期の記憶とその意味について熟考してみよう。どんな画一的なテーマがあるか。もっとも早期の回想は、あなたの現在の正確さについて何か暗示しているか。討論のなかで、それぞれの記憶を型通りに確認してみよう。

B 劣等感 (INFERIORITY FEELINGS)

アドラーの初期の業績のなかで、劣等感（inferiority feelings）は人の動機と努力の基礎を形作った。アドラーは、こうした感情を、不完全や不安や負の状況にいるという意識と関連づけた。アドラー独自の理論の大部分は、彼自身の体験から生まれた。というのは、アドラーは身体が弱く、病気や障害は劣等感を生むという信念を抱いていたのである。このことは、優越（superiority）に向けて努力することと、体力を向上させたりパーソナリティ上の技術を発達させることに導く主要因となった。

後に、アドラーは劣等感の理論を二つの重要な項目へと発展させた。第一に、アドラーは身体的障害だけでなく、心理的あるいは社会的ハンディキャップを知覚（perceived）することからも、劣等感が生じるということを強調した。第二に、アドラーは劣等感への奮闘（striving for superiority）をより強く強調した。それは主要な動機であり、劣等感の単なる埋め合わせではないからである。つまり、次のような式が考えられる。

劣等感＋劣等感への奮闘＝目標への方向とライフ・スタイル

アドラーは、劣等感というコンプレックスにつながる子ども時代の条件を三つ挙げた。(1) 器官劣等性、(2) 過度の放任と甘やかし、(3) 拒否とネグレクト

エクササイズ 3

a　あなたの子ども時代の劣等感の主な原因は何であると考えるか。こうした感情の原因となったり、それを強化したりする特別な（specific）事故や体験を思い出してみよう。こうした劣等感を、アドラーの三つの条件に関連づけることができるだろうか。あるいは、異なる条件を確認したことがあるか。

b　あなたのもっとも早期の記憶には、劣等感を感じた体験が連想されるだろうか。この質問に答える前に、早期回想を再読してみよう。

c　あなたの子ども時代の劣等感への気づきと、後の優秀さや優越感のための努力とのあいだに特別な関連づけをつくることができるか。

d　アドラーによれば、劣等－優越力動（inferiority-superiority dynamic）は、私たちの人生を通じて重要な力を持ちつづけるという。いま現在のあなたの人生において、この力動はどのように反映しているか。あなたが現在克服しようと努力している不十分な領域や劣等感はあるか。

C　誕生順位とパーソナリティの発達
(BIRTH ORDER AND PERSONALITY DEVELOPMENT)

　アドラーによれば、パーソナリティの発達に及ぶ重要で自覚的な影響は、家族内での誕生順位である。それぞれの子どもにとっては、家庭での心理的状況は誕生順位によって異なる。つまり、同じ両親のもとに生まれ、同じ家庭で育ったとしても、続いて生まれた子どもは異なる環境で育ち、自分の状況を独特な視点で対応する。誕生順位は、優越感を達成するための戦略と同様に、劣等感を引き起こすうえで重要になる。

第一子（The Oldest Child）

　最初に生まれた子どもは、ゆくゆくは「強制退位」の危機に直面する。次の子どもが生まれると、第一子は力と自制心をなくし、取って代わられたように感じがちである。その代償として、第一子は後には権威の行使を楽しみ、保守的な傾向になり、権威や規則や法律の重要性を誇張する可能性がある。アドラーは、問題のある子どもの大部分は第一子であると言っている。

　しかし、第一子が愛されていると感じていて、次の子どもが生まれることに適切な準備ができていれば、強制退位の否定的な影響は最小限のものになるかもしれない。

第二子（The Second Child）

　第二子は生まれたときから関心を分かち合わなければならない。第二子の主要な動機のひとつは、兄や姉に追いつき、追い越すということである。そのために、第二子はしばしば競争的で、兄や姉に勝とうと努力し、目標をあまりに高く設定する可能性がある。アドラーは、第二子は第一子よりも才能に恵まれ、成功すると言っている。

末子（The Youngest Child）

　末子は家族のなかに指導者がいるという利点があるので、兄や姉より優れていたいというように高い動機づけをされる。最後には末子が成功するということは、様々な文化に見られる神話やおとぎ話の主要なテーマである。しかし、末子はすべてにおいて優れていたいという欲望のせいで、もっとも重要な野心が発達できなくなる可能性がある。同時に、末子は普通は甘やかされるので、自立を達成するのが難しい。こうした状況は劣等感へと導くかもしれない。

ひとりっ子（The Only Child）

　ひとりっ子は兄弟姉妹がいないので、自分の感情を母や父に向ける。

　ひとりっ子は普通は母に甘やかされ、いつでも関心の中心にいる必要がある。そのため、ひとりっ子は自己中心的で、社会性が発達しない可能性がある。

　次の子どもを怖れるかあるいは欲しがらない両親がつくった内気で心配性の環境をひとりっ子は反映していると、アドラーは言っている。

　どんな誕生順位であっても、パーソナリティの発達にとって有利な面も不利な面もあることは明らかである。同時に、家族集団のなかにも多くの変わりやすいものがあることを認めなければならない。子どもの環境をつくるうえで、子どもたちの年齢差という要因や性の違いも重要な影響となるだろう。

エクササイズ　4

　あなたの家族内での経験は、誕生順位がパーソナリティに影響するというアドラーの意見を裏付けるものか。それとも否定するものか。あなたの状況を説明し、評価し、議論しなさい。

　同じ誕生順位の小さなグループをつくって（第一子、中間子、末っ子、ひとりっ子）、家族のなかで自分が独特な位置にいると感じたことがあなたに影響したという経験や、あなたが家族に影響を与えたことについて議論しなさい。積極的な影響と否定的な影響について考察しなさい。20分か30分間、小グループでのやりとりが終わったら、経験と結果を分かち合うためにクラス全体で集まりなさい。（このエクササイズをするのに小さいグループをつくれない場合には、同じ誕生順位の人をクラスの外で見つけなさい。）

D　虚構的究極目標 (FICTIONAL FINAL GOAL)

　多くの学生は、アドラーの「虚構的究極目標」（fictional final goal）という概念に混乱する。その概念を明確にするために、いくつかの簡潔なコメントをあげてみよう。

　アドラーは、人生においてもっとも重要な目標は主観的に決定されていて、私たちによってつくられ、大部分は無意識であると信じていた。それゆえに、アドラーは「虚構的」（fictional）という言葉を使ったのである。アドラーによれば、人生においてもっとも深く、もっとも普及している目標は、現実的な基盤をまったく持たないが、密かに抱いている信念や価値観に基づいている。もちろん、虚構的究極目標は、完璧をめざす闘いや劣等感の克服と緊密に、重要な部分で関連している。この目標は私たち独自のものであり、基本的な要求や子どもの頃の経験から形作られたものである。アドラーにとっては、虚構的な目標はあらゆる精神生活が集約されたものであり、一生のあいだ続く画一的な上向きの運動のパターンを作る。

　次のエクササイズをするにあたって、あなたの虚構的な目標と、実際の目標（concrete goals）を区別しなさい。実際の目標は、あなたの虚構的究極目標を実現するために前進するという目的を提供してくれる。次のエクササイズで、あなたの人生における虚構的究極目標を確認し、気づきを高めることになるだろう。

a　以下の文章完成法（the incomplete sentences）は、虚構的究極目標に気づくのを助けることを意図して作られている。アドラーはこの目標の大部分は無意識であると信じていたけれども、目標に気づくことと、目標が人生でどのように機能しているかに気づくことは可能である。

　以下の文章を完成しなさい。それぞれについて熟考しないで、最初の答えや自発的な答えを書きとめなさい。

1　私の将来は　　　のようになるだろうと、普通は感じている。

2　私は　　　の時が来るのを楽しみにしている。

3　私はいつも　　　のために努力しているように思う。

4　もっとも重要な生きがいのひとつは、　　　だという信念である。

5　私の将来の基本的な光景は　　　である。

6 私がもっとも刺激されるのは、私が価値をおいている　　　である。

b　以上の文章完成法の答えについて、よく考えてみなさい。それらはあなたの人生における虚構的究極目標にかかわる何かを示しているだろうか。議論しなさい。

c　あなたの人生においてもっとも基本的でもっとも浸透している虚構的究極目標は何であると感じるか、述べなさい。たとえば、その目標があなたの行動や意志をどのように導いているかということに注意を向けなさい。文章完成法のどの項目が、もっとも明確に目標を反映しているか。

E　ライフ・スタイル（STYLE OF LIFE）

　ライフ・スタイル（style of life）は、アドラーの晩年の著作においてもっとも重要なテーマである。アドラーはライフ・スタイル（life-style）という概念に特別な意味を持たせた。それは今日一般的に使われている言葉とは異なっている。アドラー理論において、ライフ・スタイル（style of life）は、優越という目標を高める生活への基本的なアプローチを表している。私たちのライフ・スタイルは、パーソナリティを確認する独特の特性からできている。その特性には自分自身への基本的な態度や世界観、特徴のパターン、行動、価値観などが含まれている。私たちはみな、早い時期の劣等感に反応する独特でパターン化された方法を身につけている。それはこのような感情から身を守り、優越と完璧を達成するためである。これが、私たちのライフ・スタイルなのである。

　アドラーによれば、ライフ・スタイルのきざしは早い時期に発達する。そのため4歳か5歳までには、こうしたパターンは、基本的で比較的永続的な構造として、既に確立される。子ども時代のライフ・スタイルの始まりは早期の体験から生まれ、やがて比較的持続するパーソナリティの特徴となる。そのため、もっとも早期の思い出と覚えている出来事の知覚は、現在のライフ・スタイルの重要な面を洞察するための好手段であると、アドラーは考えた。

　あなたは早期の記憶を読み返してみたくなるかもしれない。そして、次のエクササイズを自分の基本的なライフ・スタイル（基本的な態度や人生へのアプローチ、世界を知覚することなど）を洞察する一手段として読み返したくなるかもしれない。

エクササイズ　6

a　アドラー（1969）は次のように言っている「人は有利な状況にいる限り、自分のライフ・スタイルを明確に理解することはできない。しかし、困難に立ち向かうときには、ライフ・スタイルが明確かつ確固としたものとして表れる」（p. 38）

　それゆえ、早期の記憶に加えて、ライフ・スタイルへの洞察を獲得するためにアドラーが示唆したもうひとつの手段は、人生の危機あるいは極端に困難な状況への反応を評価することなのである。あなたがこれまでの人生で経験した新しくて困難な状況について考えてみなさい。また、その状況にどのように反応したかを考えてみなさい。あなたの反応あるいはその経験に対処した方法は、基本的な態度や自己の知覚、あなたのライフ・スタイルを暗示するような生活へのアプローチを明らかにしただろうか。あなたの状況やその状況への対処の仕方、あなたのライフ・スタイルの重要な側面を明らかにするうえでの重要性を確認しなさい。

b アドラーは、フロイトと同様に、基本的なライフ・スタイルのパターンとパーソナリティの構造は、人生の比較的早期——子どもが学校に行くような時期までに——確立されると信じていた。このことは、あなたにとって本当だろうか。子ども時代に形作られ示された、あなたの現在のパーソナリティの重要な特性や特色はあるだろうか。もしそうであれば、これらのことはあなたのライフ・スタイルで持続する特徴を示している可能性がある。

　あなたのパーソナリティのなかで明らかであり続ける、子ども時代の重要な特徴や傾向について議論しなさい。

エクササイズ 7

　アドラーは、人のライフ・スタイルの姿勢によって、四つのタイプの人がいることを発見した。

1　支配型（the ruling type）

　こうした人は、主張的で攻撃的であり、他人を支配したり、社会的気づきや社会的関心が低い傾向がある。

2　所有型（the getting type）

　こうした人は、他人に寄りかかり、人が与えてくれるものよりも多くのことを手に入れようとする傾向がある。

3　回避型（the avoiding type）

　こうした人は、人生の問題を避ける傾向があり、社会に役立つ活動にはほとんど参加しない。

4　社会に役立つタイプ（the socially useful type）

　こうした人は、社会的関心や社会的活動を行う度合いが高い。

　以上のエクササイズで作られたあなたのライフ・スタイルについてあなたが考えたことや意見について熟考してみなさい。

F　共同体感覚（SOCIAL INTEREST）

アドラーは、晩年の著作で、成熟したパーソナリティのもっとも高位の表現として、共同体感覚（social interest）をさらに強調するようになった。理想的な地域社会を実現するための社会的感覚（social feeling）と地域社会への関心（community interest）と援助は、アドラーの言う共同体感覚という概念のもっとも重要な側面である。

エクササイズ　8

a　あなたの人生は、個人の成熟と精神的健康の尺度をどの程度反映しているか。

b　他人や地域社会の幸福や他人の幸福のために生活の質を上げるために、あなたがこれまでに貢献してきたかあるいは現在貢献していることを挙げなさい。

c　あなたのパーソナリティの発達において、この領域をこれまで無視してきたと感じる
か。もしそうであれば、家族での早期の経験のせいだといえるだろうかを議論しなさい。
（アドラーは、共同体感覚は家庭において育成されたり抑制されたりすると信じていた。）

d　あなたの共同体感覚を調べたり深めたりするような機会が、現在あるだろうか。地域
社会や社会的サービスをあなたに提供してくれるような組織やプロジェクトのリストを作
りなさい。あなたがもっとも気に入る共同体感覚を表現するのは、どの機会か。それはな
ぜか。

G　まとめのエクササイズ

　アドラーのパーソナリティ理論についてのエクササイズを行った後で、あなたについて
学んだもっとも重要なことは何か。どのエクササイズがもっとも価値のあるものだったか。
それはなぜか。

クラスルーム・エクササイズ

　小さなグループをつくって、このユニットで学んだことや重要だと思ったことを、おたが
いに分かち合いなさい。20分経ったらクラス全体で集まり、あなたが主に学んだこと
について議論しなさい。

カール・ユングと分析心理学
Carl Jung and Analytical Psychology

A　集合的無意識——元型
(The Collective Unconscious —
The Archetypes)
B　意識の構造——外向と内向という基本的態度
(The Structure of Consciousness —
The Basic Attitudes of Extraversion and
Introversion)
C　意識の四つの機能——思考、感情、感覚、直感
(The Four Functions of Consciousness —
Thinking, Feeling, Sensing, and Intuiting)
D　まとめのエクササイズ　(Summary Exercise)

　カール・ユングは、心理学の歴史において重要な人物である。ユングの影響はフロイトほど浸透しなかったが、私たちがこれまで考えてきたパーソナリティを理解することに、ユング独自の理論は大いに貢献している。

　ユングは、あらゆるパーソナリティ理論家のなかでも、おそらくもっとも学術的であろう。そして、ユングの理論は主に精神分析のクライエントとの体験に由来するけれども、同時に、彼は自分の概念を補強する重要な二次的原因を引き出した。医学および精神分析の訓練に加えて、ユングは比較宗教学や神話、文化人類学、哲学、歴史といった学術的展望も抱いていた。ユングは、彼の多面的な理論に関係する数多くの学問分野から得た知識の壮大な宝庫をもたらした。その理論は、人間のパーソナリティの全体性や独自性、深くて創造的な資質を識別した。

A　集合的無意識——元型
(THE COLLECTIVE UNCONSCIOUS — THE ARCHETYPES)

　パーソナリティを理解するうえでユングが果たした最大の貢献は、集合的無意識（collective unconscious）と元型（archetypes）の理論である。これらの理論によって、ユングは意識という概念に重要な新しい面を与えたのである。ユングの理論が表れるまでは、意識は個人的な（individual）感情と体験を抑圧するものに限られていた。無意識を個人

的な現象とみなす考え方は、フロイトが発展させたものである。それとは対照的に、集合的無意識は重要な種の経験であるという根源的なすりこみを発見した。その経験は人類の歴史を通じて共有されてきたものである。言い換えれば、思考や応答パターン、象徴、イメージという可能性を受け継いできたのである。それらは、人類のもっとも中心的な経験から生まれてきた。つまり、ユングにとっては、集合的無意識は防衛システムよりも創造的な資質を表すものなのである。

以上のような根源的なイメージや集合的象徴のことを、ユングは元型（archetypes）と呼んだ。それぞれの元型は、一定の精神的気質や潜在性を表している。たとえば、人間の意識が生まれたときから、人類は母や誕生、死、神、力、魔術、ヒーロー、見知らぬ人、偏見と出会う体験を共有してきた。人生においてこれらの精神的動機は、初期の人類の歴史にまでさかのぼることができる。

ユングは次のように強調した（キャンベル（Campbell）からの引用、1971）。「人生において典型的な状況があるのと同様に、多くの元型が存在する。終わりのない繰り返しは、こうした体験を精神的な気質に刻み込む。それは満足に満ちた形ではないが、はじめは単なる不満という形（forms without content）であり、ある種の知覚と行動という可能性に過ぎないのである。」(p. 66)

ユングの最大の理論的業績である集合的無意識と元型を生かしてエクササイズを始めよう。これらの元型の題材はまだ特徴づけられたものではないが、無意識の集合的な暗闇のなかにあり、多くの面で個性にとって有効である。おそらく、いくつかの意識を重要な元型と結びつけることができるだろう。

ペルソナ（The Persona）

ペルソナは、評判を表すパーソナリティの側面である。ペルソナは、他人にとって好ましいパーソナリティの諸相を示す。「最高のフット・フォワード（best foot forward）」を踏み出すことは、他人の要求や期待に対面することで引き起こされる衝突を減らし、社会や地域社会での生活を円滑に機能させる。たとえば、私たちの社会では、自分が健康で幸福で成功していて「冷静」であるかのように見せようとする傾向がある。しかし、実際には、不愉快だと感じたり、鬱状態だったり、車の支払いに悩んでいたりするかもしれない。

しかし、友人と過ごす私的な瞬間には、「うち解ける（let our hair down）」ことができるし、より誠実で、関心を共有したりできる。

人類の歴史を通じて、ペルソナは元型として、また社会の要求と期待を認知することによって、個人にとっての重要で残存する価値を持ち続けてきた。

エクササイズ　1

a　あなたが自分の人生と向き合ってきたあいだに身につけてきた二つの主要な役割と社会的仮面を確認し、説明しなさい。

ペルソナ１

ペルソナ２

b　ペルソナは、パーソナリティの真の特徴とは矛盾するかもしれない。だから、ペルソナがパーソナリティにとって利点だけでなく重大な危険をも持っていることを理解することは、非常に重要なことである。ペルソナや社会的役割をあまりに強く確認すると、自分の独自性や個性に触れることができなくなる。言い換えれば、役割をあまりにうまく演ずると、パーソナリティの真実の面を発達させることができなくなるのである。このことはあなたにも当てはまる可能性があるだろうか。あなたは、過度に発達したペルソナのせいで、パーソナリティの重要な測面からそれてしまったことがあるだろうか。議論し、説明しなさい。

影（The Shadow)

　この元型は、自分自身や他者から隠れたいというパーソナリティの側面を示している。影は、肯定的なものであれ否定的なものであれ、直面したくない自身の諸相から形作られている。精神的健康と全体性にとって、パーソナリティの影の面に気づくこと（awareness）は重要なことである。なぜなら、私たちはそれらは建設的な研究対象となりうるからである。ユングは、影を理解することは勇気ある行動であると考えた。

エクササイズ 2

　夢や空想、暗示のどれかが、あなたのパーソナリティの影の面を示しているか。あなたが直面したくないパーソナリティの肯定的あるいは否定的な特徴から影が形作られていることを思い出しなさい。たとえば、後者である否定的な特徴は、隠れた才能や否定された才能を表しているかもしれない。

アニマとアニムス（The Anima and Animus）

　アニマは、男性の女性的な（feminine）面であり、アニムスは、女性のパーソナリティの男性的な（masculine）側面を表している。男性にとって、アニマの元型は、母や妻や恋人や友人といった女性たちとの長年の経験から生じてきた。同様のことは、女性におけるアニムスにもあてはまる。

　集合的無意識のアニマとアニムスは共に、男性と女性を助け、自分自身と異性をほとんど完全に理解する助けとなる。つまり、調和とバランスのとれた生活を保証するために、男性のパーソナリティの女性的な側面と女性のパーソナリティの男性的な側面は、適切な発達と表現のために適切であり自由である必要がある。男性の場合は女性的な性質を認め、女性の場合は男性的な性質を認める必要がある。もしそうでないと、人生は一次元的なものになり、性的アイデンティティはパーソナリティの完全に統合された側面でなく、ペルソナになってしまう可能性がある。

a あなたが男性である場合、「女性的な（feminine）」性質であるアニマ、たとえば「柔らかい面（soft side）」や感情、芸術性、表現性、情緒を理解しているだろうか。もしそうであれば、あなたの人生においてアニマがどのように機能し、あなたのパーソナリティのなかでどのように表現されているかを確認し、説明しなさい。

b あなたが女性である場合、「男性的な（masculine）」性質であるアニムス、たとえば「厳しい面（hard side）」や論理、強さ、攻撃性などを理解しているだろうか。もしそうであれば、あなたの人生においてアニムスがどのように機能し、あなたのパーソナリティのなかでそれが現在どのように表現されているかを確認し、説明しなさい。

B　意識の構造——外向と内向という基本的態度
（THE STRUCTURE OF CONSCIOUSNESS—THE BASIC ATTITUDES OF EXTRAVERSION AND INTROVERSION）

これまで、集合的無意識の力動と、それのパーソナリティの発達への影響について考察してきた。ユングは、構造と作業（operation）、パーソナリティへの意識の影響についても、関心をもっていた。

ユングは、二つの態度である外向（extraversion）と内向（introversion）を発見した。それらは意識された心への適応と指示を決定するものである。またそれらは自己と世界への基本的な態度でもある。

外向（Extraversion）

外向は、外界への精神的エネルギーという指示によって特徴づけられる態度であり、客観的世界へ向かい、主観的世界からは離れるものである。外向性は人や物、外的環境に関心を集中する。外向的な人（extraverts）は、社交的で親しみやすく、開放的できさくな傾向がある。さらに、ユング理論のあらゆる面と同様に、かたよった発達には危険が伴う。ユングが考えたように、外向性の危険は、「客観的なものごとに吸い込まれる（sucked into objects）」ことであり、パーソナリティの重要な主観的側面を無視してしまうことである。

内向（Introversion）

一方、内向は、主観的なことに適応する。そこではエネルギーは内なる精神過程へと集中する。内向的な人（the introvert）は、控えめでシャイで、人や外的なものや要求から自己を守ろうとする傾向がある。内向性は、客観的現実や外的現実を無視し、主観的な特性や「内なるデータ（inner data）」を好みがちである。内向にとっての危険は、人やものごととの接触を失い、主観的関心のなかに埋没することである。

エクササイズ　4

自分の基本的な態度や習慣を評価してみたとき、自分自身は外向的と考えるか、それとも内向的と考えるか。誰もが完全に外向的でも内向的でもないことを覚えておいて、あなたの人生において両方の態度の役割を説明しなさい。ある態度は他の態度よりも強いものだろうか。もしそうであれば、その均衡は、あなたにとって否定的な結果をもたらすだろうか。議論しなさい。

意識の修正機能（Corrective Function of the Unconscious）

　ユング理論の中心は、無意識の補償（compensatory）すなわち修正機能である。パーソナリティの高度に発達した（それゆえ意識的な）面は、無意識では正反対のものを持っている。だから、無意識は、奥まったところにある特徴や無視された特徴の発達が伸び悩んでいるときに、補償的な役割を果たすのである。もし、私たちがあまりに「高度で特別に（highly specialized）」（あまりに内向的であったり外向的であったり、ペルソナに支配されていたり、男性的および女性的特徴にかたよっていたりなど）なってしまった場合には、無意識は一定の兆候や行動を通じて、重要な修正機能を提供する。無意識の補償力動は、無視されている領域を意識へと開放し、パーソナリティのなかの柔軟性と均衡を大きくするために機能している。

エクササイズ 5

　あなたのパーソナリティの無視されている領域を強化するために、無意識から「メッセージ」を示されるような兆候や行動を経験したことがあるだろうか。そのメッセージの形を説明し、それがあなたにどのように教えてくれたかを説明しなさい。

C　意識の四つの機能――思考、感情、感覚、直感
(THE FOUR FUNCTIONS OF CONSCIOUSNESS—THINKING, FEELING, SENSING, AND INTUITING)

　ユングは四つの主要な心理学的すなわち精神的機能を発見した。それは思考(thinking)、感情（feeling）、感覚（sensing）、直感（intuiting）である。これら四つの機能やタイプは、環境を知覚し、経験を集約する主要な方法である。

　思考型（the thinking type）は、論理的過程や合理的過程から判断することに集中する。思考機能が優位である人は、論理的分析や認知過程を通じて客観的真実に到達することに関心がある。

　感情型（the feeling type）は、ものごとの基本や論理的尺度について判断をくだすことに関心があるだけでなく、人があることについてどのように感じるかということにも関心がある。それゆえ、人の肯定的感情や否定的感情のなかに、感情型にとっての観念の重要性が見られる。

　思考も感情もともに、合理的機能（rational functions）であると考えられる。それらはともに、評価や判断をくだすことに関係しているからである。

感覚型（the sensation type）は、確実な経験や感覚に最高の重要性を置く。したがって、このタイプは環境内の些細なことに関心があり（このタイプの人は、たいがい駐車場のどこに車を止めたかを覚えているだろう）、触覚や匂い、味、視覚的な刺激のような現実的な感覚すべてに関心がある。

　直感型（the intuitive type）は、過去の経験や無意識の過程を深く信頼する。このタイプの人は、勘や直感にしたがって動く傾向がある。それには、超感覚知覚（extrasensory perception）も含まれている。感覚も直感も合理的過程を求めないので、これらは非合理的機能（irrational functions）であると考えられる。

　私たちの多くは一つか二つの優性な機能が発達しているので、個性の目標は、四つの機能のなかで強さと柔軟さを発達させることである。

エクササイズ 6

a　自己の体験の基盤について、どのタイプがあなたの主要な（primary）機能あるいは優性な（dominant）機能を表しているか。どのタイプが弱い機能を表しているか。あなたの人生で、それぞれについて簡単に説明しなさい。

b　あなたの優性な態度のなかに、職業や職業選択のための暗示（implications）が見えるだろうか。また優性な機能が見えるだろうか。こうした精神力は、あなたの計画に表れているだろうか。議論しなさい。

c　あなたとは異なる優性が発達していて、あなたにとってとても大事な人と交流すると
き、あなたの優性な態度（attitude）や機能（function）は、口論の原因となるか。

d　おたがいに個性化の過程を助けるような大事な関係にある人との不一致（disharmony）
に対応する方法はあるだろうか。この質問についてよく考え、議論しなさい。

ユングの類型論（typology）においては、それぞれの基本的態度は、優性機能（dominant function）と関連している。たとえば、外向的思考型（extraverted-thinking type）と内向的志向型（introverted-thinking type）などがある。これらの複雑な関係を研究することは、本書の範囲を超えている。しかし、態度や機能やそれらの密接な関係との特別な組み合わせを研究することに興味があるならば、あなたの教師に尋ねてみなさい。教師は、あなたやあなたのクラスで、マイヤーズ・ブリッグスタイプ指標（Myers-Briggs Type Indicator）を使用するように準備してくれるかもしれない。

D　まとめのエクササイズ

ユングのパーソナリティ理論に関する以上のエクササイズを行ってみて、あなたが学んだもっとも重要なことは何か。どのエクササイズがあなたにとってもっとも価値あるものだったか。また、それはなぜか。

クラスルーム・エクササイズ

　小さなグループをつくって、このユニットで学んだことと重要だと気づいたことを、おたがいに分かち合いなさい。20 分経ったらクラス全体で集まり、あなたがたが主に学んだことを議論しなさい。

ユニット5

カレン・ホーナイと精神分析的社会理論
Karen Horney and Psychoanalytical Social Theory

> **A** 他者に対峙すること、他者に抵抗すること、他者から離れること
> (Moving Toward Others, Moving Against Others, Moving Away From Others)
>
> **B** 意思決定のための条件
> (Preconditions for Decision Making)
>
> **C** 「すべきである」という暴虐
> (The Tyranny of the Should)
>
> **D** パーソナリティへの文化的影響
> (Cultural Influences on Personality)
>
> **E** 男性および女性心理学
> (Masculine and Feminine Psychology)
>
> **F** まとめのエクササイズ (Summary Exercise)

　神経症的なパーソナリティを理解し、歪曲が起こる過程を理解する場合に、カレン・ホーナイに匹敵する人はいない。ホーナイは、神経症の人を研究し、治療することで、長く卓越した仕事をした。ホーナイは、幸いなことに著述家でもあったので、彼女の豊富な臨床経験と神経症的葛藤と神経症の経過への深い理解については、次の三部作で読むことができる。『現代の神経症的人格 (The Neurotic Personality of Our Time)』（1973）、『心の葛藤（Our Inner Conflicts)』（1945）、『神経症と人間の成長（Neurosis and Human Growth)』（1950）である。これらの著書のなかで、ホーナイは神経症の症状についての理論をくわしく述べている。ホーナイの理論は、パーソナリティの発達における対人要因と文化的要因を強調している点で、フロイト学派からはずれている。

　ホーナイは神経症的なパーソナリティの発達に焦点を当てただけでなく、欲求や葛藤を理解することや、戦略に対抗することを深めた。ホーナイは次のように言っている。「神経症者をとりまく深刻な葛藤は、実際のところ常に同様である。一般に、その葛藤は、我々の文化圏の健康な人も受けやすい葛藤と同様である。」（1937, p. 281）

　この重要な考えを心に留めながら、エクササイズに進む前にホーナイの理論的立場を発展させてみよう。

　もし、ある子どもが好意的な状況で育てられ、愛され、尊重され、一貫性をもって扱われれば、その子どもは自己実現（self-realization）に向かって育ち、感情や希望や強さや能力を伸ばすだろう。それらは真の自己（real self）を育て、健康的に育つ資質の中心的な

65

力になるだろう。

　言い換えれば、もしその子どもが反対の環境に置かれていたら（両親は支配的で、過保護で、おびえていて、十分に子どもを愛せない）、その子どもの発達に反対の影響を及ぼすだろう。その子どもは、ゆくゆくは深刻な不安をもつようになり、心配や不信や孤立といった感情を抱くだろう。ホーナイは、このような子どもの状態について、基本的不安（basic anxiety）と呼んでいる。

A　他者に対峙すること、他者に抵抗すること、他者から離れること（MOVING TOWARD OTHERS, MOVING AGAINST OTHERS, MOVING AWAY FROM OTHERS）

　敵意のある世界において、孤立していて無力であるという感情をうまく処理するために、その子どもは三つの神経症的傾向の一つに向かう内的必要によって突き動かされる。その三つとは、他者に対峙すること、他者に抵抗すること、他者から離れることである。これら三つの傾向を以下のようにまとめることができる。

1　他者に対峙すること──従順型──愛の要求
　（Moving toward people ─ the compliant type ─ the appeal of love）
　こうした神経症的傾向の人は、愛着や承認を切望する。こうした人は、強く望まれ、必要とされ、保護され、心配される必要があり、自分が弱くて無力であると感じている。

2　他者に抵抗すること──攻撃型──支配力の要求
　（Moving against people ─ the aggressive type ─ the appeal of mastery）
　こうした神経症的傾向の人は、権力を切望する。こうした人は、誰もが敵意を抱いているとみなし、成功と名声を達成するために他者を利用し、他者に勝ちたいという強い要求がある。

3　他者から離れること──冷静型──自由の要求
　（Moving away from people ─ the detached type ─ the appeal of freedom）
　こうした傾向の人は、自由と冷静さを切望する。一般的に、人から離れていて、自己と他者のあいだに情緒的な距離を置く必要がある。彼らは自分の周りに「マジック・サークル」を描き、誰もそこに入り込めない。彼らは、自己充足感（self-sufficiency）を通じて、自分が他者を必要としないことを証明する必要がある。

　神経症的なパーソナリティにとって、これら三つの神経症的傾向は無意識で、誇張され

ていて、不適合なものである。しかし、正常な人にとっては、それらの傾向は順応性と柔軟性のある方法で機能し、「調和的全体性（harmonious whole）」を形作る。ホーナイ（1966）は、三つの傾向が比較的健康な人のなかで機能するとき、その三つの傾向は柔軟で適応性があると説明している。

　他者に対峙するとき、人は自分の世界と友好な関係をつくろうとする。他者に抵抗するときは、人は競争社会のなかで生き残ろうと構える。他者から離れるとき、人は完全と平静を達成することを望む。実際は、この三つの態度はどれも、人間が発達するために望ましく必要な態度である。（p. 89）

　人生での神経症的態度を識別するのに重要なことは、こうした傾向が強制的になり、柔軟性がなく、無差別で、ゆくゆくは排他的になることである。たとえば、神経症者にとっては、自分の存在や幸福や安全は、愛や権力や自由や孤立を必要とすることに依存している。こうした傾向のひとつは、ゆくゆくはパーソナリティ発達において優勢になるけれども、中心的な神経症的葛藤（central neurotic conflict）は、次のような事実のなかにある。つまり、神経症者は、私たちと同様に、三つの領域でバランスのとれた満足を必要とし、このことを達成できないという事実である。

エクササイズ　1

a　あなたは以上のような傾向のどれかを経験したことがあるだろうか。あなたのパーソナリティにおいてそれぞれの傾向の役割を描くために、それぞれの傾向が人生でどのように機能しているかを説明し、例をあげなさい。

他者に対峙すること（Moving toward others）

他者に抵抗すること（Moving against others）

他者から離れること（Moving away from others）

b　あなたの人生で、三つの傾向のうちより優勢な態度だと思われる傾向を見つけるだろうか。あなたの優勢な傾向（prevailing trend）を説明し、その利点（その優勢な傾向は、どのようにしてあなたの発達を促しているか）と、不利な点（その優勢な傾向は、どのようにしてあなたの発達を妨げているか）について、議論しなさい。

c　三つの傾向のなかで、どの段階が、より協調的な人間関係をあなたにもたらすか。

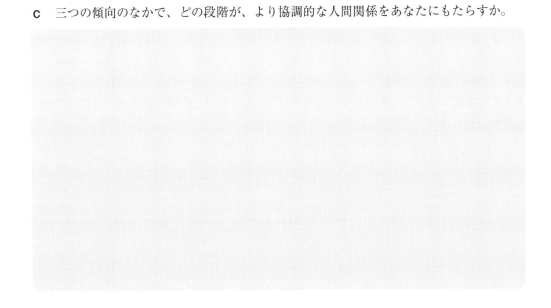

B　意思決定のための条件 (PRECONDITIONS FOR DECISION MAKING)

　カレン・ホーナイは、意思決定することは、人間の特徴であり重荷でもあると言っている。私たちは、意思決定をする際に、矛盾する要求や希望や衝動のあいだで引き裂かれるようになりがちである。私たちはひとりでありたいと思うと同時に、友人と一緒にいたいと思う。たとえば、美術を専攻したいと思う一方で、医学を勉強したいと思う。あるいは、義務と欲望のあいだで葛藤するかもしれない。このような葛藤を感じることは神経症ではないと、言っている。しかし、私たちは自分の内なる葛藤や、社会との間での葛藤に気づかないでいればいるほど、人生での矛盾することを察知できなくなる。私たちがよい選択や決断をしているかどうか、よく考えなけれなならない。

　ホーナイは、健康的で生産的な意思決定をするための、四つの重要な事前認知について述べている。こうした事前認知は、あなたが意思決定をする際の困難さのなかにある基本的な問題を確認する助けとなるかもしれない。

1　私たちは、真の希望や感情に気づかなければならない。
2　私たちは、自分の価値観の傾向を発達させなければならない。それらは、自分自身の価値観であり、単に両親や環境から身につけた価値観ではない。
3　たとえ自分の感情や価値観に自信があったり、矛盾を発見したとしても、私たちは二つの矛盾する可能性の一つを拒否できなければならない。つまり、ある選択を拒否し、もうひとつの選択を支持するために、意識的な選択をしなければならないのである。
4　私たちは、自分の決定に際して、進んで責任をとらなければならない。

a　過去にあなたが行った重要な決断を選びなさい。その際に経験した経過と、直面した困難について説明しなさい。意思決定の際のホーナイの四つの事前認知の観点から考えて、あなたが意思決定するときにもっとも困難なことをもたらした事前認知はどれだったか。議論しなさい。

b　現在進行しているか、近い将来予想される重要で難しい意思決定を見つけなさい。以下のエクササイズで、ホーナイの言う意思決定のための事前認知について考えることによって、あなたが意思決定する際に直面する問題をいくつか明確にしなさい。

1　あなたが直面している意思を簡単に説明し、真の希望を発見し、この意思に関係する感情を獲得しなさい。

2　あなたの価値観の階層を構築しなさい。重要性の順に、あなたにとってもっとも重要なことがらを一覧にしなさい。あなたの人生のいろいろな領域で時間や関心や精力をかけていることがらについて考えなさい。あなたの価値観の階層は、どのようにして意思のなかに入り込んでいるだろうか。

3　あなたの真の希望や感情や価値観について考察することは、ある選択を決定して他の選択を拒否する際の助けとなるか。議論しなさい。

4 意思決定をする際に責任をとることは、あなたにとって難しいことだろうか。ここで問題となるのはどんなことか。何がもっともあなたをおびえさせるか。

C 健全な意思決定をするためのホーナイの事前認知の観点から考えて、あなたの意思を考察する過程は、あなたの助けとなるものだったか。あなたにとって重要な問題を明確にする助けとなったか。議論しなさい。

C　「すべきである」という暴虐 (THE TYRANNY OF THE SHOULD)

　神経症的な人生は、ホーナイが「すべきであるという暴虐 (tyranny of the should)」と呼んだものによって決定されていると、彼女は指摘している。つまり、神経症的な人は、自分がこのようで「あるべきである」ということを中心に人生やパーソナリティを組み立てている。本当の要求や欲望や感情に反応しているわけではないのである。たとえば、「私は決して間違いをしてはいけない」とか、「私はだれからも好かれるべきである」というようにである。「すべきである」という命令に従って、個人は真の自己 (real self) から遠ざかる。そして、間違った期待や理想や目標によってつくられた偽りの自己 (pseudo-self) を組み立て、自己の理想像をつくる。そうしてゆくゆくは、こうした内なる命令（「すべきである」）は、「私はこのような人であるべきである」から「私はこのような人である」というパーソナリティへと動かしてしまう。このようにして、間違った自己がつくられ、保護されるのである。

　すべきであるという暴虐は、神経症的なパーソナリティにとって深刻な問題であるだけでなく、時に、否定的な力にもなる。

エクササイズ 3

a　あなたの人生で、自己イメージを促し守るためにつくってきた重要な「すべきである」をいくつか発見しなさい。最近、あなたの生活で作用している支配的な「すべきである」を一覧にしなさい。

b　あなたの「すべきである」の原因について、なにか考えがあるだろうか。つまり、家族や社会や他者について。

c　「すべきである」によって生きていくことは、私たちの自覚性を弱め、束縛され、緊張し、身動きできないような気持ちをもたらしがちであると、ホーナイは指摘している。またそういう生き方は、同時に、他者を強く必要とし、「すべきである」を他者に投影することによって、対人関係を弱める可能性がある。

　あなたにとってもっとも暴虐的な「すべきである」のひとつを選んで、それがどのような困難さをあなたにもたらすかを確認してみなさい。

74

d　あなたが「すべきである」という暴虐を放棄したとしたら、あなたはどのような人になるだろうか。

D　パーソナリティへの文化的影響
(CULTURAL INFLUENCES ON PERSONALITY)

　カレン・ホーナイが精神分析理論を変質させた重要な方法のひとつは、パーソナリティにおいて神経症の発達を促す社会的および文化的要因の重要性を、彼女が見抜いたことである。フロイトは文化を性的衝動や攻撃的衝動が昇華された表現であると見なした。それに対して、ホーナイは、文化的価値や習慣は神経症的な不適応行動を形作るうえでの主要因であるとみなした。

　ホーナイは、私たちの文化に固有の典型的な困難さがあり、それが個人の生活での葛藤として自分自身を「反映し」、神経症に導きがちであるということを認めた。

　ホーナイは、私たちの支配的な文化において、以下の条件を発見した。それらは、私たちのだれにも問題を起こし、神経症の生成において強く暗示されるものである。

- 所有への非合理的な追究。それは安全や権力や自尊心（self-esteem）を満足させることと間違って関係している。

- 破壊的な競争心や張り合い。それは経済的な中心から私たちの人生のあらゆる領域へと放出される。そして愛や社会的関係や学校生活や遊びを弱めてしまう。

- 非現実的な期待を伴う愛への攻撃的な要求。それは私たちの社会から継承するあらゆる葛藤を解決するようなものである。

エクササイズ 4

　私たちの文化の神経症的な特徴を、あなたは経験したことがあるか。またそれに影響されたことがあるか。それらはあなたの人生で、葛藤や緊張を生じさせたことがあるか。可能な限り特定し、それらがあなたに与えた影響について議論しなさい。このエクササイズを行うにあたって、セクションＣのエクササイズの答えが助けになるかもしれない。

E　男性および女性心理学(MASCULINE AND FEMININE PSYCHOLOGY)

　カレン・ホーナイの重要な業績には、フロイトの男性―女性の発達の評価の再解釈がある。ホーナイは、従来の精神分析的見地に強く批判的だった。たとえば、女性は永久の男根願望（男根羨望（penis envy））にとらわれているというものである。それは発達のための「優越した資質」を表している。フロイトの考えでは、多くの精神分析的な文学で宣伝されているように、こうしたファルスへの要求や努力は、必ずや女の子に欠乏感や劣等感を運命づけ、しばしば行動の劣等性へと結論づけることになる。

　一方、ホーナイは、幼い女の子の発達段階として男根羨望がある可能性を考慮に入れないという点で、フロイト学派の「構造は運命である」という考えを否定している。その考えとは、初期の男根羨望が女性の「男性コンプレックス」を説明し、男性の発達と比較して、不十分で劣っているという隠された感情を説明するというものである。それに対して、ホーナイは、女性的パーソナリティにおけるこうした不幸な発達は、大部分は社会的な権力と、広く普及している男性心理学のせいであると感じていた。ホーナイ（1973）は次のように述べている。「実際のところ、女の子は生まれたときから、劣等感、すなわち常に男性コンプレックスを経験することに、容赦なくあるいは繊細にさらされている」(p. 190)

76

　私たちの文明の男性的な特徴と、女性の劣等性という伝統的独断のせいで、男性はより必要とされ、しばしば無意識に女性を見下げていると、ホーナイは述べている。

　ホーナイ（1937）は、「男性はどこかに到達したいと思えば、人生で何かを達成しなければならないという確信をもって育てられるのに対して、女性は愛や、ただ愛を通じて、幸福や安全や名声を手に入れることができると悟る」（p. 190）

　このような区別は男性と女性の精神的立場に大きく影響し、安全と幸福の主要な原因として、女性は愛を要求する（愛の過大評価）ことになると、確信していた。

エクササイズ 5

a　あなたが男性の場合、女性を見下げるような傾向に理解があるだろうか。つまり、女性に対して固定観念を抱いているか。あるいは、女性の方が能力が低いと考え、「女性」の役割をさせようなどとしているか。自己探求をして、ホーナイの意見について可能なかぎり誠実に考えてみなさい。

b　「理想の」女性についてのあなたの考えは何か。

c　あなたが女性の場合、男性から見下げられてると感じたことはあるだろうか。ホーナイの主張を支持するような男性による態度や扱いに出会ったような特別な例があるだろうか。議論しなさい。

d　あなたが女性の場合、ホーナイが描いたように、自立をためらい、愛を達成したいと、時に感じるだろうか。あなたの体験と、愛への「要求」が将来の目標や計画にどのように影響してきたか、あるいはこれから影響しそうであるかについて、議論しなさい。

F　まとめのエクササイズ

　ホーナイのパーソナリティ理論についての以上のエクササイズを行ってみて、あなたが自分自身について学んだもっとも重要なことは何か。どのエクササイズが、あなたにとってもっとも価値あるものだったか。また、それはなぜか。

クラスルーム・エクササイズ

　小さなグループをつくって、このユニットで学び、気づいた重要なことを、おたがいに分かち合いなさい。20分経ったら全体で集まって、あなたがたが学んだ主要なことについて議論しなさい。

ユニット6

エリック・エリクソンと心理社会理論

Erik Erikson and Psychosocial Theory

A 最初の三つの心理社会的段階
  (The First Three Psychosocial Stages)

B 心理社会的段階4：勤勉性対劣等性
  (Psychosocial Stage Four:Industry versus
  Inferiority)

C 心理社会的段階5：青年期──自我同一性対役割の混乱
  (Psychosocial Stage Five:Adolescence ──
  Ego Identity versus Role Confusion)

D 心理社会的段階6：成人初期──親密対孤立
  (Psychosocial Stage Six:Young Adulthood ──
  Intimacy versus Isolation)

E 心理社会的段階7：中年期──生殖対停滞
  (Psychosocial Stage Seven:Middle Adulthood ──
  Generativity versus Stagnation)

F 心理社会的段階8：老年期──統合対失望
  (Psychosocial Stage Eight:Old Age ──
  Integrity versus Despair)

G まとめのエクササイズ （Summary Exercise）

　エリクソンによれば、健全なパーソナリティの発達は、一生を通じた自我の発達において、八つの「特別な段階（phase specific）」で成功するという決意による。それぞれの段階は、社会的な力（social forces）や文化の要求との相互作用のなかで、生物学的にあらかじめ決定されている結果という点で、明白なものである。また、それぞれの段階は、自我（ego）の健全な発達とパーソナリティの発達において、決定的な移行期間を示している。人は、こうした後天的な成熟の原理をたどっていくので、与えられた発達段階での健全な解決は、大部分が初期段階に確立された基礎の強さによる。それぞれの段階は、発達の過程や自我機能（ego functioning）において、決定的な積み木となる。

　エリック・エリクソンがパーソナリティ理論に果たした貢献度は注目に値する。エリクソンは、（フロイトはそうしなかったが）自我を社会や歴史の力と相互作用する自立したパーソナリティ構造とみなした。また、彼はライフサイクル（life cycle）を通じて自我が発達することの重要性を発見した。

A　最初の三つの心理社会的段階
(THE FIRST THREE PSYCHOSOCIAL STAGES)

　自我発達についてのエリクソン理論の最初の二段階は、基本的信頼（basic trust）（誕生から１歳まで）と、自立感覚（sense of autonomy）の達成（２歳と３歳）である。

　基本的信頼は、エリクソンにとっては健全な発達の土台であり、子どもの人生の早期に確立されなければならない。そうでないと、不信のパターン、つまり信頼と希望の欠落が育ってしまうのである。口唇期（oral period）のあいだにその人自身や社会や幼児のなかに基本的信頼を確立するために、環境のなかで信頼性と一貫性を経験しなければならない。

　第二の心理社会的段階で自立（autonomy）が発達しないと羞恥心や自己疑念（self-doubt）を抱くようになる。この作業はフロイトの肛門期（anal stage）に対応していて、トイレ・トレーニングの期間に子どもが自制を発達させることにいくぶん関係している。

　心理社会的発達（psychosocial development）のエリクソンの第三段階は、自発性の意識（sense of initiative）対罪悪感（guilt）の意識（４歳から６歳）を獲得することである。この期間は、両親との高度な一体感を感じる期間である。なぜなら、子どもは自分がこれから成ろうとしている人をよく調べようともがくからである。原動力や運動能力が増し、言語が発達し、この決定的な探検にとっては、想像力が重要な資質となる。セクシュアリティの成長にかかわる実験もある。この期間には、遊びが特に重要になり、それはオイディプス的な葛藤（Oedipal conflict）や罪悪感を解決することに関係するかもしれない。また、「現実の（real）」世界において主導権を取ることと計画を立てることの葛藤を体験することと関係するかもしれない。

　遊びは、想像や空想を通じて、子どもにとって、将来のパーソナリティの発達を予想し、経験する助けにもなる。子どもは遊びのなかで、内的世界や外的世界を劇的に表現する機会をもち、比較的安全な遊びや空想のなかで、役割や人間関係を経験していく。

B　心理社会的段階 4 ：勤勉性対劣等性
(PSYCHOSOCIAL STAGE FOUR:INDUSTRY VERSUS INFERIORITY)

　心理社会的発達のエリクソンの第四段階においては、自我発達での基本的苦闘が、勤勉性対劣等性（industry versus inferiority）のひとつとなる。この段階（およそ６歳から11歳で、フロイトの潜在期間（latent period）と一致する）では、自我の成熟は「私は私が学んだものである」という確信を中心に、具体化する。したがって、この段階での健全な自我の成熟は、大部分が技能の習得や文化的な能力が基礎となる。学校での挫折の体験や成功しなかったという体験は、不全感や劣等感をもたらすかもしれない。この心理社

会的段階で達成すべき自我の力は、統合能力（competence）である。

エクササイズ　1

a　学校で低学年だった頃を思い出してみなさい。それはあなたにとって、気持ちがくじかれ、挫折を味わうような時だっただろうか。あるいは、勤勉性と能力という重要な感覚を経験するのに必要な技能をうまく習得し発達させることができただろうか。読んだり、計算したり、つづりを覚えたりするのが特に難しいと感じたことがあるだろうか。この心理社会的成熟の第四段階では、あなたの学校生活について議論し、あなたの発達を評価しなさい。ある特定の教師が、あなたの成功と失敗にとって重要だったか。

b　おそらく、学校の外においても、他の資質や技能の発達があっただろう。それらは自我の発達を満足させる重要な機会を提供しただろう。たとえば、親や祖父母や家族の友人は、ある程度代理になっただろうか。あるいは、学校で能力や技能を発達させるための機会を与えてもらう困難さの埋め合わせをしてくれただろうか。たとえ低学年の経験が成功的なものであったとしても、こうした機会はあなたにとって非常に重要であったかもしれない。議論しなさい。

c 勤勉性と能力という感覚の必要性を満足させるのに、あなたにとってもっとも重要なことは、どんな特別な学習や能力や技術の発達であったか覚えているだろうか。

C 心理社会的段階5：青年期──自我同一性対役割の混乱 (PSYCHOSOCIAL STAGE FIVE:ADOLESCENCE—EGO IDENTITY VERSUS ROLE CONFUSION)

　青年期（adolescence）は、多くの混乱と不確実性によって特徴づけられる発達期間である。それは、パーソナリティにとって安定性と持続性を探し求めるときでもある。

　パーソナリティ理論へのエリクソンの主要な貢献のひとつは、若い人が青年期に出会う同一性問題の理論的分析である。有名な同一性の危機（identity crisis）は、エリクソンのこの研究に由来する。

　大学生のときには、あなたは青年期（およそ 12 歳から 21 歳）といわれる発達段階の終わりにさしかかっている。エリクソンの見地では、この発達段階での主要な任務は、同一性を形成する際の確固とした自我同一性対可能な役割の混乱と危機を達成することである。この心理社会的段階で達成すべき自我の強さは、忠誠（fidelity）である。

　確固とした自我同一性を達成するにあたっては、多くの側面がある。人の一生においては、価値の明確化、好みの発達、連続性の確認が、重要な貢献のひとつである。また、エリクソンは、第五段階の解決にとって、職業的な同一性が重要であると、強調した。

　たとえば、エリクソンは「同一性とライフサイクル（Identity and the Life Cycle）」（1959）という論文のなかで、「一般的に、若い人を不安にするのは、主に職業的な同一性を決められないことである」（p. 92）と述べている。

エクササイズ　2

a　あなたが確固とした自我同一性を確立しようと努力した際に、職業的な同一性の探求と混乱は、あなたにとって主要な関心や不安であっただろうか。

b　あなたは、現在満足できる職業的な同一性を確立しているだろうか。もしそうであれば、そのことは全体的な安定性と自我同一性の形成において、非常に重要なことだろうか。議論しなさい。

　あなたもご承知のように、私たちは性役割の性のパターンが変化する時代に生きている。そして私たちの社会には、多くの性役割の混乱（sex-role confusion）が存在している。このような社会的変化は、あなたが安定した自我同一性を達成するにあたって個人的な困難さをもたらしただろうか。あなたの個人的な態度や、男性あるいは女性としての体験から議論しなさい。

a　若い人は、青年期を通じて自己の土台やその安定性を発見しようとして、人気のある文化（テレビ・スター、ロック・スター、アスリートなど）のひとりかそれ以上のヒーローを偶像視するようになりがちである。あなたの人生において、自分固有の同一性という意識をもたらしたような重要な「ヒーロー」はいただろうか。青年期にあなたにとってもっとも重要だった「ヒーロー」の名前をあげなさい。そして、あなたが安定した自我同一性を確立しようともがいていたときの、そのヒーローの価値について議論しなさい。こうした「ヒーロー」のどのような特徴が、あなたにとって重要だったか。こうしたことを確認することによって、あなたはどのような自我の必要性に出会おうとしていたか。

b　人気のあるヒーローへの過度の同一化（overidentification）は、実際には自我同一性の発達を促すよりは制限するかもしれないと、エリクソンは力説している。あなたはいままでに、このようなヒーローとの過度の同一化を経験したことがあるか。もしそうであれば、エリクソンがいうように、自分自身の自我の形成にとって不利であると考えるだろうか。議論しなさい。もしこのような過度の同一化を経験していなかったら、エリクソンの警告を説明するようなヒーローとして過度に同一化した友人がいただろうか。

エクササイズ 5

エリクソンの心理社会的発達の第五段階での作業を終える前に、あなたが安定した自我同一性を達成していると、どの程度感じているかを評価することは、おそらくあなたにとって役立つことだろう。この評価では、あなたが発達させてきた強さ（strengths）と、すでに完成している仕事（tasks）について議論しなさい。

D　心理社会的段階6：成人初期――親密対孤立
(PSYCHOSOCIAL STAGE SIX:YOUNG ADULTHOOD―INTIMACY VERSUS ISOLATION)

　あなたが発達の青年期から抜け出す途中にいるあいだに、同時にエリクソンの自我成熟の第六段階、つまり成人初期へ急速に入り込もうとしている。一方の足を青年期に踏み入れ、もう一方を成人初期に踏み入れているので、落ち着かない状態であるかもしれない。このことは困難な移行であろう。

　この新しい発達期間という危機は、親密対孤立（intimacy versus isolation）を達成することにある。成人期の出現という任務は、これまでのどの心理社会的段階とも異なっている。これまで、あなたは自分自身の自我とその増進に関心を抱いてきた。しかし、成人初期にあなたが挑戦するのは、自分の自我を他者との融合に向けることであり、他者と生殖的な親密さを確立することである。いくつかの点で、このことは同一性が他者と一緒になることを要求する。あなたが自分自身との「親密（intimacy）」を十分に達成しているように潜在的な親密と融和を達成していれば、このことは成し遂げられると、エリクソンは主張している。つまり、あなたは自分固有の自我同一性の意識を強く抱いていなければならない。親密な人間関係において自分自身の何かを与えることを怖れないような自我同一性をもっていなければならないのである。

　ここで必須の質問が表れる。自分の同一性や自立性や誠実さを失うという怖れの気持ちをもたずに、他者と自分自身を融合できるほど、私の自我は強いだろうか。このように強い自我同一性に到達するまでは、成熟した愛と親密を受け入れることはできないと、エリクソンは言っている。この心理社会的段階で達成すべき自己の強さは、愛（love）である。

エクササイズ　6

　おそらくあなたは、他者との深くて満足できる親密さをすでに体験しているか、そのための準備ができているほど十分な自我同一性の意識に到達しているだろう。もしかしたら、まだそうではないかもしれない。いずれにせよ、他者との親密さや融合のために、現在どれほど準備（readiness）できているか、評価しなさい。そして、その評価を説明するような過去の人間関係や現在の人間関係について、簡単に議論しなさい。

E　心理社会的段階 7：中年期——生殖対停滞
(PSYCHOSOCIAL STAGE SEVEN:MIDDLE ADULTHOOD—GENERATIVITY VERSUS STAGNATION)

　　自我の発達の最後の三つの発達段階においては、「自己（self）」から離れ「他者（other）」へというように、対人関係や社会的態度へと向かってきた。第五段階での青年期の同一性危機を解決する後に、第六段階では、愛と親密さを発達させるという任務がある。第七段階では、「必要とされる必要」を通じて実現する自我の成熟へ前進することに、エクササイズの焦点がある。人生の中間の時代（およそ 25 歳から 55 歳）は生殖対停滞（generativity versus stagnation）という発達上の危機が中心となる。人の同一性は、生殖という発達と、その結果世話をする（care）という自我の強さを通じて支えられる。

　　エリクソンにとって、生殖は、主に次の世代を確立し案内するという関心と責任を意味する。しかし、天性の力である生殖は、出産や子どもの世話に限らず、ある人が引き起こしたり、創造したり、生産したり、次の世代のために基礎として残したりすることでもある。それは「種における確信」を表現する。したがって、生殖は、環境や教育、歴史を観察すること、芸術を支えること、その他の職業への関心としても表現される。

　　生殖に有利なこうした発達的な問題を解決しないと、人は自己陶酔的（self-absorbed）で停滞感や倦怠感を抱き、対人関係が低下するようになる。

　　あなたが生殖対自己中心、停滞という発達的問題に直面するのは、まだ何年も先のことだろう。しかし、あなたの両親は、現在こうした自我発達の心理社会的段階という緊張を乗り越えようと必死であるかもしれない。このエクササイズは、こうした見地から両親の現在の発達を評価する機会をあなたに与えるだろう。

　あなたの母や父は、生殖を通じてどのようにして自我の成長を表現し、発達させているだろうか。現在、子どもたちを育てているならば、このことは両親にとって、困難で失望するような段階に見えるだろうか。こうした心理社会的見地から、あなたの両親の発達について考え、観察したことを議論しなさい。

F　心理社会的段階 8：老年期──統合対失望
(PSYCHOSOCIAL STAGE EIGHT:OLD AGE—INTEGRITY VERSUS DESPAIR)

　老年期が訪れると、人は自我の発達と成熟の最後の心理社会的段階へと入って行く。この段階は、人の一生とその意味を哲学的に評価し、「要約する」ことを示している。そのことが健全に表れれば、過去の七段階の果実を示し、あらゆる点から自分のライフサイクルを受け入れることとして表現される。それには達成や成功、失敗、弱さ、強さ、人間関係が含まれる。人は自分の一生の意味と価値を感じ、もはや死を怖れない。この心理社会的段階で達成されるべき自我の強さは、知恵（wisdom）である。

　この最後の自我の統合を達成できないと、失望（despair）し鬱状態（depression）になり、失敗（failure）と嫌悪（disgust）の意識が生まれる。果たせなかった約束や失った機会について強迫観念を抱くようになりがちである。

あなたの祖父母は、自我肯定の最後の段階にいる。あなたが祖父母の人生を見て、統合あるいは失望や嫌悪の発達が見られるだろうか。自我の成熟の最終段階で、あなたの祖父母がどのように解決しているか、観察したことを議論しなさい。

G　まとめのエクササイズ

エリクソンの心理社会的理論についての以上のエクササイズを行ってみて、自分自身について学んだ重要なことは何か。どのエクササイズがあなたにとってもっとも価値あるものだったか。また、それはなぜか。

小さなグループに参加して、このユニットで学び、重要だと発見したことについて、おたがいに分かち合いなさい。20分したらクラス全体で集まって、あなたがたが主に学んだことについて議論しなさい。

アルバート・バンデューラと社会的学習理論
Albert Bandura and Social Learning Theory

A	観察を通じた学習とモデリング (Learning Through Observation and Modeling)
B	自己強化 (Self-Reinforcement)
C	自己管理―自分自身の行動をコントロールする (Self-Management:Controlling Your Own Behavior)
D	知覚された自己効力感 (Perceived Self-Efficacy)
E	まとめのエクササイズ (Summary Exercise)

　アルバート・バンデューラは、アメリカ心理学における半世紀にわたった行動主義者（behaviorist）の伝統の終焉に、指導的な役割を演じた。バンデューラの志向はこうした伝統のなかで認められたが、それにもかかわらず、彼の社会認知理論（social-cognitive theories）は、B．F．スキナー（B. F. Skinner）ら古典的な行動主義者によって示されたパーソナリティの発達について簡潔な見地をかたちづくった。こうした一次元的な見地は、環境的強化（environmental reinforcement）の重要性を強調し、内的多様性の妥当性を拒否したので、その大部分はすたれてきている。

　バンデューラは、人間のパーソナリティと行動の複雑さを重んじたので、象徴的な過程や、自己強化（self-reinforcement）や自己制御（self-regulation）のための潜在性に、自分の関心を集中させた。したがって、バンデューラの相互決定主義（reciprocal determinism）のモデルは、相互作用と統合と三つの重要な多様性を含んでいる。その三つとは行動（behavior）と個人的な価値（personal variables）と環境的出来事（environmental events）である。

　バンデューラによれば、内的な価値も環境的な力も、それだけではパーソナリティの発達の原因とはならないという。それらを統合することは、こうした価値の相互作用（interaction）と個人の能力であり、それこそが、バンデューラの理論の核心である。

　自己指向的な行動（self-directed behavior）へと導くこうした相互作用的な過程のすべては、観察学習（observational learning）とモデリング（modeling）という注意深く研

究された概念へと集約する。このユニットでは、バンデューラによる貢献の重要性を探求していくことになるだろう。

A 観察を通じた学習とモデリング
(LEARNING THROUGH OBSERVATION AND MODELING)

　これまで見てきたように、バンデューラによればたいていの人間の行動は報酬（rewards）（強化（reinforcements））の単なる結果や罰ではない。そうした行動は、B. F. スキナーのオペラント条件づけ（B. F. Skinner's operant conditioning）に見られる行動において、ただちに起こる行動である。それに対して、私たちの行動のレパートリーは、観察学習とモデリングという複雑な過程を通じて発達する。バンデューラは、このような学習過程（learning process）と、私たち自身の行動を修正するための能力についての認知技能に重要性を置いた。バンデューラは、依然として強化の原理に忠実であるが、私たちの行動と期待の多くは他者の行動やそれらがもたらす結果を観察することによって間接的に学習されると、彼は信じている。

エクササイズ 1

　観察学習とモデリングを通じてあなたが獲得し、発達させたと感じている重要な価値や習慣、あるいは他の個人的な特徴を確認し、議論しなさい。これらの学習のなかであなたに影響を与えた個人（モデル）や特別な状況を特定しなさい。

エクササイズ 2

a　社会的学習理論（social learning theory）は、情緒的な表現のパターンが観察学習とモデリングの結果としても、発達しうるということを示唆している。家族内での情緒的な表現や行動の二つの重要な領域は、怒りと愛である。あなたの両親がこうした感情を表現するときの独特な方法について、議論しなさい。たとえば、両親はどのようにして葛藤（conflict）を表現するだろうか。両親は触れたり抱きしめたりするか。

b　社会的学習理論は、あなたが現在、愛や怒りを表現する方法を説明してくれると、あなたは感じるだろうか。たとえば、あなたの両親の行動からこのような表現をモデル化したことがあるか。

a バンデューラの研究によると、テレビは、子どもにとっての観察学習とモデリングの重要な原因であるという。あなたが子どものときに大好きだった二つのテレビ番組は何だったか。それらの番組のなかに、お気に入りのキャラクターや登場人物はいたか。

b モデリングを通じた学習を暗示するように、それらの番組によって影響を受けた態度や行動はあったか。

C　私たちは大人であっても、テレビの影響を受けやすい。たとえば、ある研究者は最近次のように言っている。人気のあるテレビ番組での演技は、スター（若くてやせている）をロールモデル（role models）としている若い女性を拒食症（anorexia）にさせる可能性がある。あなたは、テレビに出てくる現在の価値観や行動、イメージなどによって、自分が影響されていると感じたことがあるだろうか。

B　自己強化（SELF-REINFORCEMENT）

　バンデューラは、行動の規制と修正（modification）における強化のさらなる原因を発見した。それは、人の達成基準がわかった後に、その人が自分自身のためにつくる強化である。言い換えれば、私たちは自分自身の動機づけを選択したり創ったりしがちなのである。単に、オペラント条件づけが示すような外的報酬や罰に対する機械的なやり方で反応するわけではない。仕事がうまく行ったときに自負の意識を感じることは、こうした自己強化の一例である。

　あなたの行動を刺激したり、動機づけたり、支えたりした自己強化として二つの最近の例をあげなさい。それぞれの例での行動と、それがあなたに引き起こした自己評価反応を確認しなさい。

C　自己管理──自分自身の行動をコントロールする
(SELF-MANAGEMENT:CONTROLLING YOUR OWN BEHAVIOR)

　バンデューラの理論的な仕事のなかで有望な応用には、私たち自身の行動をコントロールし、改めるのを助けるために発達してきた技法がある。自己影響のための能力は、個人的な規制と自己指向（self-directedness）を助長する。このことは、主に人の行動を評価したり、侵入的な環境的要因を除去したり改めたり、望ましい行動のための積極的動機づけという健全な個人的スケジュールを計画したりすることによって達成される。自己管理プログラム（self-management program）におけるこれらの三つの要素は、バンデューラの相互決定の原理、つまり内的および外的規制の統合を例証するものである。

　ウィリアムズ（Williams）とロング（Long）（1979）は、『自己管理ライフスタイルに向かって（Toward a Self-Managed Life Style)』という本の中で、自己管理プログラムを教えるときの５つの主要なステップを概説している。この本で示されている自己管理プログラムを始める前に、ウィリアムズとロングが示唆していることをよく知っておくとよいだろう。自己管理プログラムにおける５つの主要なステップを要約してみよう。

1　目標を選択する

　このことは決定的な段階である。あなたの目標は、あなたにとって重要でなければならない。あなたは、行動を変化させるための高い動機づけがされている必要がある。そうでなければ、どんな技法もこの作業に適当ではない。また、あなたは、その目標を測定できる行動用語に翻訳できなければならない。つまり、特別な行動を確認し、それを記録するための能力が必要なのである。たとえば、もしあなたが喫煙を止めたいならば、目標は容易に確認できるし、毎日や毎週のタバコの本数によって進展を測ることができる。

2　あなたの目標行動を監視する

　進展を測れるような基本参考点を設定するために、しばらくのあいだ、あなたの現在の行動（present behavior）の正確な記録（何本タバコを吸っているか、毎日何時間勉強しているか、など）をつけておくことは、重要である。プログラムのあいだじゅう進展を注意深く記録しつづけなければならない。また、あなたが望んでいない行動に関係する環境要因の記録も重要である。なぜなら、あなたはこうした要因のうちのいくつかを変えたいと思っているだろうからである。

3　設定を変える

　望ましくない行動にし向けるような状況をコントロールするためには、あなたの環境的な面を変える必要があるかもしれない。あたたかいクッキーやドーナツの香りがするパン屋を避けることは、高カロリー摂取を増進するような設定をコントロールする一例である。

4　効果的な結果をうち立てる

　以下はバンデューラの主要な原理の一つである。自分で選択した動機づけ（self-chosen incentives）による行動の管理とコントロール。このことは、望ましい行動への報酬を計画するという技術であり科学である。あなたの計画が、あなたにとって真に動機となり報いとなる動機づけをもたなければならないことは、自明である。

5　利益を強化する

　この最終段階では、人為的なサポートの必要性がだんだんとなくなっていく。なぜなら、望ましい行動が自動的に機能し、満足できる結果が生まれてくるからである。ウィリアムズとロングが示唆しているように、徐々にこのレベルに到達し、あなたの環境での可能な限り多くの自然なサポート要素を維持しなさい（pp. 25-26）。

エクササイズ 5

a　このエクササイズでは、自己管理プログラムを計画し、実行することが求められる。それはバンデューラの相互的決定主義の原理の重要な側面を直接体験できるだけでなく、あなた自身の自己信頼（self-confidence）を増すことになる。あなたが変えたいと望んでいる現在の生活の一面は、勉強行動である。ウィリアムズ（Williams）とロング（Long）（1979）が示したステップに従って、あなたの勉強習慣の自己管理修正を計画しなさい。

（もし、あなたの勉強行動が満足できるものであるなら、喫煙やお金の管理など、他の望ましくない習慣や行動を選びなさい。）

●あなたの目標を見つけるにあたって、できる限り具体的にし、明確にしなさい。特に、あなたの勉強習慣や行動パターンについて、どんなことを変えたいのか。たとえば、毎日の勉強時間を伸ばしたいのか、それぞれの勉強時間の長さを伸ばしたいのか、中断時間を減らしたいのか、などである。

●一週間の現在の勉強習慣（あるいは喫煙など）を記録しなさい。あなたが勉強した正確な時間と勉強中の正確な条件も記録しなさい。この目的のために、103ページにある基準データシートを使いなさい。

●あなたの非効率な勉強習慣の原因となる状況を変えなさい。たとえば、自分の部屋での勉強の妨げになることに悩んでいないで、毎晩図書館に行ったほうがよいかもしれない。

●あなたの環境を変えて、分別のある勉強計画を立てたら、あなたのスケジュールに魅力的で励みとなるようなプログラムを入れなさい。のぞましい勉強習慣を成功させるためにいくつかの報酬体験（rewarding experience）を組み入れなさい。

●あなたの新しい勉強習慣が「第二の天性（second nature）」となり、以前の習慣と同じくらい習慣的になるまで、このスケジュールを維持しなさい。

重要：基準行動が確立されたら、プログラムのあいだじゅうあなたの進歩を記録しなさい。

プロジェクトを始める前に、以下の項目について考え、答えなさい。

1　私の現在の勉強行動（喫煙行動など）の客観的分析

2　私の勉強行動を変えるためのプロジェクトの特別な目標

3　必要な環境の変化

4 改善された勉強行動に報いるために刺激となる計画（あなたの報酬システムはよい強化原理を求めるようにしなさい。）

b あなたの経験を説明し、自己指向的な変化のためのあなたのプログラムの結果を評価しなさい。バンデューラの方法は、あなたの行動のいくつかの側面を変化させるのに有効であったか。議論しなさい。

基準線勉強行動

7：00 A.M.	4：00 P.M.
8：00 A.M.	5：00 P.M.
9：00 A.M.	6：00 P.M.
10：00 A.M.	7：00 P.M.
11：00 A.M.	8：00 P.M.
12：00 正午	9：00 P.M.
1：00 P.M.	10：00 P.M.
2：00 P.M.	11：00 P.M.
3：00 P.M.	12：00 深夜

（注意）週の毎日、このチャートをコピーしなさい。もしあなたが勉強ではない他の行動を変えようとするなら、タイトルの「勉強」の代わりに正しい行動を入れなさい。

D　知覚された自己効力感（PERCEIVED SELF-EFFICACY）

　バンデューラは目標の設定と目標の達成のどちらもが自己指向的な変化（self-directed change）をもたらすには必要であると、論証した。また、彼は、目標と技法の効果の大部分は、目標をうまく達成するという自分の能力を信じることに依るということを示した。このような自己信頼の信念と達成への期待を抱く程度のことを、バンデューラは知覚された自己効力感（perceived self-efficacy）と呼んでいる。

エクササイズ 6

a　知覚された自己効力感の原理は、あなたの人生において、目標に到達するのを妨げたり強化したりする機能を果たすことに気づいているだろうか。低い程度の自己信頼が、目標を達成するためのあなたの能力や動機づけに与えた影響を説明しなさい。あなたの経験について議論しなさい。

b　高い程度の知覚された自己効力感が、目標に到達するのを成功させた影響を説明しなさい。あなたの経験について議論しなさい。

c　知覚された自己効力感というバンデューラの原理は、人が目標に到達するときに感じる自信であり、大学での成績が成功か、失敗か、並かを決定するにあたって重要な変数であることを示唆している。

　もしあなたが、自分が望んでいるほどよい成績でないか、あるいは学業成績の動機づけが低い場合、おそらくより高い目標を達成する能力への自信が欠如しているためだろう。

　あなたの学業上の目標と期待について考えなさい。そして、あなたの動機づけや成績や成功が、知覚された自己効力感の内的変数とどのように関係しているかについて、考えなさい。議論しなさい。

E　まとめのエクササイズ

　バンデューラの社会的学習理論についての以上のエクササイズを行ってみて、自分自身について学んだ重要なことは何だろうか。どのエクササイズがあなたにとってもっとも価値あるものだったか。また、それはなぜか。

クラスルーム・エクササイズ

　小さな議論グループをつくって、このユニットで学び、重要であると発見したことを、おたがいに分かち合いなさい。20分か30分経ったら、クラス全体で集まって、あなたがたが主に学んだことについて議論しなさい。

ゴードン・オルポートと特性論
Gordon Allport and Trait Theory

A　特性論（Trait Theory）
B　動機づけの機能的自律
　　（Functional Autonomy of Motives）
C　表現運動と行動
　　（Expressive Movement and Behavior）
D　健全なパーソナリティ
　　（Healthy Personality）
E　まとめのエクササイズ（Summary Exercise）

　ゴードン・オルポートの理論は、人間の発達におけるパーソナリティの独自性と健全な傾向に焦点を当てている。オルポートのすべての著作の中で、彼はパーソナリティの皮相的な側面やパーソナリティをとりまく側面と、パーソナリティの独自な特徴とを明確に区別している。パーソナリティの独自な特徴は、個々人の一生での健全な発達と成熟のためには重要で中心的なものなのである。

　パーソナリティの病理面を理解することにあまりに多くの関心が向けられていると、オルポートは確信していた。そして、病弱な精神分析的公式化に見られるような神経症的（neurotic）な潜在性や傾向ではなく、（あらゆる人間に適用できるような）総合的な心理学を構築しようと考えた。言い換えれば、神経症的なパーソナリティを理解する際に有効な発達の原理と概念は、健全で成熟したパーソナリティ（mature personality）を理解するのには有効でないということである。

　オルポートの著作を貫く主要なテーマである学習非連続性（discontinuity）の原理は、動機づけの機能的自律（functional autonomy of motives）という彼の概念のなかに、もっとも生き生きと示されている。つまり、健全な発達においては、人の動機づけは最新で意識的で将来志向であり、過去に縛られてはいないという。このように、オルポートは、健全なパーソナリティでは動機づけが無意識的でなく意識的であると、確信していたのである。

　オルポートにとっては、個人はだれでも特性と主題の独自な組織であり、個々人のパーソナリティ（individual personality）の科学的研究を擁護した。一例として、パーソナ

リティの独自性と健全な傾向の成立において作用する原理を理解することが挙げられる。最後には、オルポートは個人的な文書（personal documents）や自己記録（self-reports）、個人の表現行動（expressive behavior）の研究を分析するパイオニアとなった。

　オルポートは特性論者として認められ、アメリカ最初のパーソナリティ理論家であるが、彼の広い社会的関心は、価値や宗教、偏見、噂の心理学のようなテーマの探求へと向かった。こうした研究によって、ゴードン・オルポートは社会心理学（social psychology）におけるパイオニアのひとりとみなすことができるだろう。

　すでに見てきたように、オルポートはフロイトと違って、人間は潜在的に健全で創造的な生き物であると楽観的に信じていた。以下のユニットは、オルポートの楽観的な観点から、あなた自身の発達を見てみる機会となるだろう。

A　特性論（TRAIT THEORY）

　オルポートは、パーソナリティの特性論に傾倒していた。彼は共通特性（common traits）の浸透性を認識していた。それは、与えられた文化においてたいていの人間が示しがちな特性である。しかしその一方で、オルポートは個性と独自性を表現するパーソナリティの特性に、より強い関心を抱いていた。オルポートはこうした特性を個別特性（individual traits）あるいは個人的資質（personal dispositions）と呼んだ。

エクササイズ　1

　まず最初に、あなた自身を、あなたの文化の主要な価値と特徴を反映しているパーソナリティとみなし、私たちの文化のなかで大多数の人がある程度示している共通特性を二つ、見つけなさい。この二つの共通特性を表現し、それらがあなたのパーソナリティの側面としていかに重要であるか、述べなさい。

三つの資質

オルポートは、人間の生活における強さと優勢によって個人的な資質を類型化し、(1) 主要な資質 (the cardinal disposition)、(2) 中心的な資質 (central dispositions)、(3) 二次的な資質 (secondary dispositions) と名付けた。

主要な資質をもつ個人にとっては、その人のパーソナリティのほとんどあらゆる側面はそれによって影響される。個人の全体的な同一性 (identity) は、この強い資質によってかたちづくられる。私たちはよく、歴史的な人物や小説の登場人物の名前や言葉で、主要な特性をもつ人を分類することがある。たとえばキリストや騎士、スクルージ (守銭奴)、ドン・ファンなどのようにである。

しかし、パーソナリティは普通、いくつかの顕著な特徴にかこまれて育っていくものである。この中心的資質 (central dispositions) は、支配的な特徴やパーソナリティの傾向をかたちづくる。また、パーソナリティの中心的な特徴は、誰かの推薦状を書くときに述べられがちであると、オルポートは示唆している。

一方、二次的な資質 (secondary dispositions) は、パーソナリティのより周辺部分で機能する。それらは中心的な資質ほど重要でなく、明白でもなく、一貫したものでもない。

エクササイズ 2

このエクササイズでは、あなた自身のパーソナリティのなかで中心的な個人的資質を見つけることになるだろう。

a　最初に、あなたの主要な資質 (cardinal disposition) を確認し、簡単に説明しなさい。(もし、あなたの人生が「支配的情熱 (ruling passion)」つまり、主要な特性によって支配されている場合には、友人や知り合いの主要な資質を説明しなさい。)

b あなたの中心的な資質（central dispositions）について考えなさい。あなたのパーソナリティにおいてもっとも重要で中心的な特性を見つけて、それぞれの最近の機能を説明しなさい。中心的な特性は、あなたのパーソナリティを編成する多くのもののなかで主要な特徴であることを覚えておきなさい。（オルポートの研究によれば、大学生の集団が挙げる中心的な特性の平均数は 7 であった。あなたのパーソナリティのなかに、このくらいの数を見つけることができるだろうか。）

c あなたがよく知っている人で、あなたの中心的な特徴の一覧を作れる人がだれかいるだろうか。それらは、あなた自身の一覧と比べてどうだろうか。あなたの友人が作った一覧について、あなたはどのように感じるか。何か驚くようなことはあるか。このことについて友人と議論することは有効であることに気づくだろう。

B　動機づけの機能的自律 (FUNCTIONAL AUTONOMY OF MOTIVES)

　動機づけの機能的自律（functional autonomy of motives）の原理は、動機づけについてのフロイト派の見地から急進的に離れることを示し、オルポートがパーソナリティ理論へ主に貢献したことのひとつである。オルポートはこの原理によって、人の現在の動機づけは、動機づけとなる力や、その人を元来かたちづくる助けとなったかもしれない過去の体験から独立している（機能的に自律している）ということを意味した。つまり、今日のあなたの動機の多くは、それがかつてもっていたものとは違った意味と目的をもっているのである。オルポート（1961）は、次のような推論を提唱している。「木の生命は種とともに持続するが、種はもはや成熟した木を支えることはできないし、栄養を与えることもできない。」（p. 227）

エクササイズ　3

a　あなたの教科書（あるいは教師）は、動機づけの機能的自律のよい例を示してくれるだろう。もしあなたが今、この理論を理解しているなら、あなた自身の発達における動機づけの機能的自律の重要な例を見つけてみよう。まず最初に、元来の動機（通常は子ども時代にかたちづくられる）と、それがそのときのあなたにとってもっていた意味と重要性を確認しなさい。

b あなたの人生で、この動機の発達が機能的に自律していくさまをたどりなさい。あなたの人生で機能しつづけている動機づけのなかで、現在も効力があるのはどのような意味と目的であるかを示しなさい。

C 表現運動と行動 (EXPRESSIVE MOVEMENT AND BEHAVIOR)

オルポートは、パーソナリティの独自の特徴に真剣な関心を寄せ、こうした独自性や個性を反映するパーソナリティの側面を研究することに関心を抱いていた。それゆえオルポートは、手書き（handwriting）やいたずら描き（doodles）、身振り（gestures）、足どり（gait）といった表現行動（expressive behavior）のあらゆる形態に興味を抱いた。このような表現的な特徴は、人の独特なスタイルや個性の確実な記号であると、オルポートは確信していた。したがって、現在関心が寄せられているボディ・ランゲージ（body language）や非言語的行動（nonverbal behavior）にも、オルポートは早い時期に貢献した。

オルポートは、これらの表現行動を対処行動（coping behavior）と対比させた。後者の行動は、個人にとってより外的であり、環境を変化させ、コントロールし、その瞬間の意識的要求に見合うように計画されている。オルポートが強調しているように、対処行動は仕事志向であり、文化的条件のかなりの部分を反映している。

一方、表現行動は、表現において、より無意識なものである。それらはそれほど目的がなく、より自発的で、より深いパーソナリティ構造を示し、対処行動では表現されない個人の特性を示す。つまり、表現行動は、あなたのパーソナリティのより創造的な表現なのである。

エクササイズ 4

　あなたのどんなスタイルや運動や行動が、あなたのパーソナリティのより重要な特徴を表現する際に意味をもっているか。表現行動を見つけて、それがあなたのパーソナリティのある側面をどのように伝えているかを確認しなさい。このエクササイズに答える際に、親しい友人やルームメイトが、あなたの助けとなるような観察をしているかもしれない。

エクササイズ 5

a　二つ以上の講義や授業のあいだに、あなたの教授の表現行動を調べてみなさい。教授の行動の対処的な面と、パーソナリティのより表現的な要素を示す行動とを区別するようにしなさい。教授の表現行動を確認し、説明しなさい。名前は言わないこと。

b　教授の表現的な要素を確認してみて、教授のパーソナリティについてどんなことが推測できるだろうか。

a　何日間か、足どりの表現行動を変化させようとしてみなさい。異なる歩き方と、その個性や独自性を観察しなさい。より近くで観察するために、ある人の足どりを選んで、その人の表現的な足どりからわかる意味を決定してみなさい。あなたが行った観察と推測を記録しなさい。

b　あなた自身の足どりは、特別な表現行動を示しているか。

D　健全なパーソナリティ（HEALTHY PERSONALITY）

　オルポートは、未熟で神経症的な傾向よりも、パーソナリティにおける健全で積極的な発達に特に関心を抱いた。神経症的なパーソナリティと健全で成熟したパーソナリティとのあいだには質的な相違（単に程度の問題ではない）が存在すると、オルポートは主張した。健全な発達においては適切な機能が成熟していき、こうした特徴は、パーソナリティにとって中心的で重要であり、過去からの自由の増加（機能的自律）とみなすことができる。

1　自己意識の拡大（Extension of the sense of self）
　成熟した人は、自分の限界をかなりの程度まで広げている。こうした人にとっては、他者の幸福が重要となる。新しいことへの関心や新しい技能、新しいアイデア、職業上の方向性のすべてが、自己意識（sense of self）を広げることに組み入れられるようになる。そこには人生へのより広い参加と、自分自身の自我と自己防御から離れるということがある。

2　自己と他者との温かい関係（Warm relating of self to others）
　他者との親密さが育ち、成熟した人は愛を受け入れるようになる。そこには他者への温

かさと、共感、関心と尊重がある。このような人は、愛を受けるのと同じくらい多くの愛を与えたいと思っている。

3 情緒的な安全（Emotional security）（自己受容（self-acceptance））

成熟したパーソナリティは、情緒の平静と自己受容（self-acceptance）を発達させる。そこには、最小限の内的葛藤があり、欲求不満への寛容度がかなり強い。

4 現実的な知覚と技能（Realistic perceptions and skills）

そこには現実に対処する能力が育っている。成熟したパーソナリティは、高度の能率と、知覚の正確さを示す。要求や幻想は、成熟した人の知覚や判断をゆがめはしない。そこには、仕事をする能力があり、狭く限定された自己の外側にある課題を遂行する能力がある。こうした個人は、自己中心（ego centered）というよりは、問題中心（problem centered）である。

5 自己客観化：洞察とユーモア（Self-objectification:insight and humor）

成熟したパーソナリティは、高度の自己洞察を身につけている。彼らは、自分自身のことをよく知っていて、自分のパーソナリティの多くの面について客観的であり、受容的であることができる。こうした自己知識と客観性に伴うのは、ユーモアの感覚である。成熟した人は、自分自身のことを笑うことができる。こうしたユーモアの感覚は、敵意に根ざすものではないし、他者を嘲笑したり見下げたりする要求に根ざすものでもない。むしろ、人間の状況にある共通の生まれつきの弱点を察していることに根ざしていて、人生での喜劇的要素という友好的な感覚に根ざしている。

6 統合的な人生哲学（A unifying philosophy of life）

成熟したパーソナリティのなかには、目的意識と人生への「指揮」の意識がある。成熟した人は、確固とした基本的な人生哲学を持っていて、生きるために非常に特別な何かがあるという感情を抱いている。エネルギーが主要な目標へと導く。

エクササイズ 7

a　成熟したパーソナリティというオルポートの特徴について読み、考えた後で、あなた自身の発達と成熟の現在の段階を評価しなさい。あなたがまだ達成しなければならないことと同様にあなたが所有している特質に焦点を当てなさい。オルポートについてさらに学ぶことと、自分に「穏やかな」フィードバックを与えることは、よい方法である。もしかしたら、変化のためのいくつかの個人的な目的を想定することになるかもしれない。

1　自己意識の拡大（Extension of the sense of self）

2　自己と他者との温かい関係（Warm relating of self to others）

3　情緒的な安全（Emotional security）（自己受容（self-acceptance））

4　現実的な知覚と技能（Realistic perceptions and skills）

5　自己客観化：洞察とユーモア（Self-objectification:insight and humor）

6　統合的な人生哲学（A unifying philosophy of life）

b 成熟したパーソナリティのどの特徴が、あなたの人生のこの段階において、もっとも高く発達していると考えるだろうか。どの特徴が、もっとも未発達だと考えるか。その未発達の領域のなかで何を達成したいと思うか。可能な限り特定化しなさい。

E　まとめのエクササイズ

　パーソナリティのオルポートの特性論について以上のエクササイズを行ってみて、あなた自身について学んだことで重要なことは何か。どのエクササイズがあなたにとってもっとも価値あるものだったか。また、それはなぜか。

クラスルーム・エクササイズ

　小さなグループをつくって、このユニットで学び、重要だと気づいたことについて、おたがいに分かち合いなさい。20分か30分経ったらクラス全体で集まって、あなた方が主に学んだことを議論しなさい。

ユニット9

アブラハム・マズローと自己実現理論
Abraham Maslow and Self-Actualization Theory

A	欠乏と成長動機 (Deficiency and Growth Motives)
B	安全対成長 (Safety Versus Growth)
C	自己実現 (Self-Actualization)
D	D—愛とB—愛 (D-love and B-love)
E	至高体験 (Peak Experiences)
F	まとめのエクササイズ (Summary Exercise)

　1950年に、アブラハム・マズローは、『自己実現する人——心理学的健康の研究（Self-Actualizing People：A Study of Psychological Health）』を出版し、心理学における「第三勢力」であるヒューマニスティックな運動（humanistic movement）の基礎を築き、それはその後何十年か続いた。

　マズローは、自己実現（self-actualization）の努力をすることは人間の動機づけの構造と過程において生来の特徴であると示唆した初めての心理学者だった。したがって、マズローは、心理的に健康な個人（psychologically healthy individual）の性質や特性に真剣な興味を抱いた初めての理論家でもあった。

　アブラハム・マズローの創造的な研究と多くの著作は、現存する理論や体系を変えようとする彼の意欲とともに、心理学における現代のヒューマニスティックな革命を鼓舞し、押し進める力となった。マズローは、特に硬直した精神分析（psychoanalysis）や行動主義（behaviorism）から心理学を解き放つことを強調した。したがって、アブラハム・マズローの名前はより広くよりヒューマニスティック志向の心理学（humanistically oriented psychology）と同義語となっている。よりヒューマニスティックな科学の発達は、いまや創造性、愛と遊び、自発性、個人の成長、深刻な心理的調査のためのより高いレベルの意識の領域といった項目をつくった。マズローは、彼の業績によって、このようなあらゆる領域を探求し、広げた。

　マズローの業績と影響がピークを迎えた1969年に、彼はあえて、ブランダイス大学

123

（Brandeis University）を離れて、カリフォルニアのメンロー公園にあるW. P. ラフリン基金（W. P. Laughlin Foundation）から4年間の研究のための奨学金を受けた。この奨学金の期間に、マズロー博士は民主主義的政治学、経済学、倫理学の哲学を発達させようとした。この奨学金による仕事の後に、マズロー博士は1970年6月8日に心臓発作で亡くなった。

　このユニットでは、アブラハム・マズローが私たちにもたらしたパーソナリティ理論における創造的なアイデアと理論的革新について、探求することになるだろう。

A　欠乏と成長動機（DEFICIENCY AND GROWTH MOTIVES）

　アブラハム・マズローのもっとも重要な貢献のひとつは、人間の動機づけのヒエラルキーの理論（hierarchy of human motivation）である。この理論で、マズローは人間の動機の二つの総合的範疇を区別した。それは欠乏動機（the deficit motives）（欠乏欲求）と成長動機（growth motives）（メタ欲求）である。欠乏動機は、生理的（physiological）、安全（safety）と防護（security）、愛（love）、自尊心（self-esteem）といった重要な要求の領域の欠乏を避けることを、主なねらいとしている。

　成長動機は、欠乏欲求（deficiency needs）による支配から自由であり、自己実現をめざし、全体性と人の高度な性質の遂行を達成するための潜在能力を発達させる自己実現をめざして指揮される。あなたの人生で、こうした作業をする際に、これら二つの主要な動機となる力を区別することは有効なことだろう。

エクササイズ　1

a　あなたの人生で欠乏動機（deficiency motivation）を反映するような最近のふるまいや動機や行動のリストを作りなさい。生理的、安全と防護、愛、自尊心といった欠乏欲求（deficiency need）の領域から例をとるようにしなさい。

b　主として成長動機であるあなたの最近の動機や行動のリストを作りなさい。欠乏欲求を満たすことにはほとんどあるいは全く機能しない活動やふるまいは、むしろあなたの潜在能力を遂行したり、あなたのパーソナリティの発達を促すことに関わっている。あなたの成長－動機活動（growth-motivated activities）の最近の例を二つか三つ考えなさい。

c　あなたの欠乏欲求と成長欲求と動機との、最近の生活における均衡を評価しなさい。時間やエネルギー、お金、それぞれの領域に向ける他の方策について考えなさい。

B　安全対成長（SAFETY VERSUS GROWTH）

　マズローによれば、人生を貫く基本的な葛藤は、安全と成長のあいだで選択するときに出会う葛藤であるという。マズローは、以下のような図を示した。

安全　　< --- 人 --- >　　成長

　一つの力のまとまりが私たちを抑制し、引き戻す。安全に関心を抱くと、私たちは安全と防衛に執着した生活をおくりがちで、過去にしがみつくようになる。

　もう一つの力のまとまりは、背中に吹き付ける強い風のように、私たちを前に押し進め、危険をおかすように誘惑し、私たちの潜在能力を自信をもって発達させるように促す。

　私たちのなかにあるこのような成長する力と防衛的で後退する力のあいだの葛藤は、非常に基本的な人間のジレンマを示している。

エクササイズ 2

a　私たちはよく、成長を怖れ、最高の自分自身（才能、潜在能力、自分自身の「偉大さ」）を発達させることから後ずさることに、マズローは気づいた。自分の最高の可能性を求めるのをこのように怖れることを、マズローは「ヨナ・コンプレックス（Jonah complex）」と呼んだ。あなたの生活に、ヨナ・コンプレックスの特別な例はあるだろうか。自分の最高の可能性を発達させるにあたって、私たちには相反する傾向があるのはなぜだと思うか。議論しなさい。

b　過去数年間にあなたが行った重要な決断と選択を一つか二つ確認しなさい。それらは安全と防護という必要条件を満たすものである。私たちは、多くのこのような決意や指揮をとるときに、かならずしも選択という経験をするわけではないことを覚えておきなさい。

c　過去数年間にあなたが行った重要な決意と選択を一つか二つ確認しなさい。それらは主として成長と自己実現に関心があるものである。

d　あなたの人生において、動機づけとなる力（motivational forces）（安全対成長）の
それぞれのまとまりの重要性と力について熟考しなさい。あなたが重要な決意をするとき
に、それらのあいだにある緊張と苦闘に気づくだろうか。そのような葛藤に直面したとき、
あなたはどの方向に動く傾向があるだろうか。議論し、最近の経験から例をあげなさい。

C　自己実現 (SELF-ACTUALIZATION)

　自己実現（self-actualization）の概念は、ヒューマニスティック心理学において重要な
概念（humanistic psychology）のひとつであり、マズローの動機づけとパーソナリティ
の発達の理論の核心をかたちづくっている。マズローにとっては、自己実現した生き方は、
人間のパーソナリティの発達における最高の達成である。

　マズローは、歴史的人物や有名人、友人、大学生などに熱中することに関する独自の研
究によって、健全なパーソナリティ（healthy personality）や、自己実現した個人（self-
actualizing individual）を合成した模範像を開発した。マズローはこの研究によって、
自己実現した人の 15 の特性を述べた。これらの特性のうちのいくつかは、パーソナリテ
ィの発達の現段階で、あなたに適用できるかもしれない。

　私たちの多くは、まだ欠乏欲求（deficiency needs）を満たす過程にいるので、このエ
クササイズの目的はあなたの弱点を増すものではない。むしろ、健全で成熟したもうひと
つのモデル、つまり自己実現に導かれる人生の途上にいるあなた自身の発達と進歩を評価
できるような一つの理想を提供しようとするものである。

　以下は、マズローによる自己実現した人の 15 の特性のリストである。それぞれの特性
の明確な特徴について習熟しなさい。それぞれを説明したものは、パーソナリティ理論に
関する多くの教科書に載っているだろう。

自己実現した個人のパーソナリティ特性
(PERSONALITY CHARACTERISTICS OF THE SELF-ACTUALIZING INDIVIDUAL)

1. 現実についての能率的な知覚（Efficient perception of reality）
2. 自己や他者や自然の受容（Acceptance of self, others, and nature）
3. 自発性、単純さ、自然さ（Spontaneity, simplicity, and naturalness）
4. 問題中心（Problem centering）
5. 孤立——プライバシー欲求（Detachment:need for privacy）
6. 自律性（Autonomy）
7. 評価に際しての持続する新鮮さ（Continued freshness of appreciation）
8. 至高あるいは神秘的な体験（Peak or mystic experience）
9. 共同体感覚（Social interest）
10. 対人関係（Interpersonal relations）
11. 民主的な人物構造（Democratic character structure）
12. 手段と目的の区別（Discrimination between means and ends）
13. 哲学的ユーモアの感覚（Sense of philosophical humor）
14. 創造性（Creativeness）
15. 文化化への抵抗（Resistance to enculturation）

エクササイズ　3

　あなた自身のパーソナリティのなかで、もっとも発達していると感じる自己実現した個人の特性を三つ確認して説明しなさい。次に、現時点でもっとも発達していないと感じる特性を三つ確認しなさい。（それぞれの特性の番号で答えなさい。）

　私のパーソナリティでもっとも発達している三つの特性は：

私のパーソナリティでもっとも発達していない三つの特性は：

エクササイズ　4

　あなたの体験のなかで、だれが自己実現したパーソナリティをもっとも深く示しているだろうか。マズローの特性のいくつかに類似しているその人の目立った特徴を簡単に説明しなさい。

D　D－愛とB－愛 (D-LOVE AND B-LOVE)

　マズローは、自著『完全なる人間 魂のめざすもの（Toward a Psychology of Being）』（1968）のなかで、二つのタイプの愛を区別した。マズローは、D－愛（D-love）（欠乏愛（deficiency-love）、欠乏の意識や「愛への飢え」、自己的な愛の意識から生まれた愛）と、B－愛（B-love）（愛そのものであること（being-love）、成長が動機づけられている愛、他者という存在のための愛、必要としない愛、自己的でない愛）と名付けた。

　マズローのD－愛型とB－愛型に顕著に示されている対比は、自己実現した人間関係における生来の卓越性の秀逸な例である。

　以下のエクササイズが終わったら、付録Aに戻って、マズローの区別と、あなた自身の体験におけるD－愛とB－愛とを比較しなさい。

エクササイズ 5

a　あなたがこれまでに体験したもっとも不健全でもっともネガティブな恋愛関係の概観を描きなさい。それを経験したときの、その関係のなかの不健全な特性について議論しなさい。

b こうしたネガティブな関係は、あなたにどのような影響をもたらしたか。

エクササイズ 6

a あなたがこれまでに体験したもっとも健全で、もっとも有益な恋愛関係の概観を描きなさい。その関係において、主要な特性は何だったか。

b　B−愛体験は「パートナーを創造する（create the partner）」と、マズローは述べている。あなたが健全な恋愛関係を経験した後、現在のあなたはどのようにして、違った人間になったか。あなたは何を学び、どのように変化したか。あなたのパーソナリティにどんな違いが起きたか。

E　至高体験 (PEAK EXPERIENCES)

　自己実現した個人は、マズローが名付けた至高体験（peak experiences）を頻繁に楽しんでいることを、彼は発見した。こうした体験は、人生において恍惚の瞬間であり、歓喜と強烈さの瞬間である。至高体験は、薬の助けがいらない自然な「陶酔（turn-on）」である。

　この至高体験の現象は、マズローが自分の後半の業績において、主要な関心となった。マズローは、至高体験は自己実現の純粋な瞬間であり、個人にとって激しい同一性体験（acute identity experience）であると、信じていた。

　マズローは、多くの人の人生における至高体験を研究した。至高体験の本質と価値だと考えられる情報の多くを、彼は80人の個人インタビューと、190人の大学生の手書きの回答から得た。これらの手書きの回答を得て、マズロー（1968）は学生グループに以下のような助言を与えた。

　私はあなた方の人生でのもっとも素晴らしい体験や経験について考えてみたいと思う。それらはもっとも幸福な瞬間であり、恍惚の瞬間であり、歓喜の瞬間であろう。おそらくそれらは恋愛中だったり、音楽を聞いていたり、本や絵画から突然衝撃を受けたり、偉大な創造的瞬間から得たものだろう。まず、こうした体験を一覧にしなさい。そして次ぎに、そうした激しい瞬間にどのように感じたか、他の時にはどのように違って感じたか、違う人との瞬間にはどうだったか、私に伝えてください。（p. 71）

エクササイズ 7

a あなたがマズローの研究に参加したとして、上記の助言に答えなさい。

b あなた自身と世界についての知覚を変える際の至高体験と、あなたの個人的同一性（personal identity）と発達に貢献するようなときの至高体験の重要性についてコメントしなさい。

F　まとめのエクササイズ

　マズローのパーソナリティ理論についての以上のエクササイズを行ってみて、あなた自身について学んだことのなかでいくつかの重要なことは何か。どのエクササイズがあなたにとってもっとも価値あるものだったか。また、それはなぜか。

クラスルーム・エクササイズ

　小さなグループをつくって、このユニットで学び、重要だと気づいたことについて、おたがいに分かち合いなさい。20分か30分経ったらクラス全体で集まって、あなた方が主に学んだことを議論しなさい。

ユニット 10

カール・ロジャーズと自己理論

Carl Rogers and Self-Theory

A 一致、共感的理解、無条件の肯定的関心
  (Congruence, Empathic Understanding, and
  Unconditional Positive Regard)

B 治療関係 (The Therapeutic Relationship)

C 価値の条件 (Conditions of Worth)

D 自分自身の経験を信頼する
  (Trusting Your Own Experience)

E アクティブ・リスニングと共感的理解
  (Active Listening and Empathic
  Understanding)

F まとめのエクササイズ (Summary Exercise)

　カール・ロジャーズ博士は、私たちの時代でもっとも重要で評価されている心理学者の一人だ。彼は、アメリカ心理学会（American Psychological Association）の会長をつとめ、その学会から主要な二つの賞を受けたただ一人の心理学者である。ロジャーズ博士は1956年に、心理療法に関する先駆的な研究によって卓越した科学的貢献賞（Distinguished Scientific Contribution Award）を受賞した。クライエントの変化と成長にとって本質的な三つの治療条件（therapeutic conditions）をロジャーズが発見したのは、こうした初期の研究を通してであった。その三つとは、一致（congruence）と、共感的理解（empathic understanding）と、無条件の肯定的関心（unconditional positive regard）である。このユニットでは、ロジャーズの自己理論（self-theory）の本質的な要素であるこうした概念や関係する概念について、探求することになるだろう。

　あなたがロジャーズを研究し、ロジェリアン（Rogerian）の見地から自分自身を探求する際には、次のことを心にとめておくことが重要である。つまり、ロジャーズのもっとも中心的な概念は、実現化傾向（actualizing tendency）であるということである。

　ロジャーズ（1963）理論のどの側面も、この主要な動機と関係していて、またそれを中心に展開している。「……実現化に向かい、有機体の維持と強化へ向かう」(p. 6) 実現化傾向（actualizing tendency）は、ダイナミックな生命力として、私たちのあらゆる経験の中心に統合される。そして、ロジャーズのパーソナリティ発達の理論と、彼の心理療法へのアプローチは、この重要な動機の意義を理解することなしには、正しく理解できないのである。

A 一致、共感的理解、無条件の肯定的関心 (CONGRUENCE, EMPATHIC UNDERSTANDING, AND UNCONDITIONAL POSITIVE REGARD)

　フロイト以来、カール・ロジャーズほど心理療法の理論と実践に偉大な影響を与えた者はいない。ロジャーズは初期の業績では急進的な主張を提示したが、その先駆的な研究は支持された。クライエントの変化と成長のために必要十分なことは、三つの治療的条件だけであるという主張である。これらは一致（congruence）（関係において現実的であり、「開放的で誠実であること」）と、共感的理解（empathic understanding）（他者の感情や思考を理解し、関係においてこうした理解を伝達すること）と、無条件の肯定的関心（unconditional positive regard）（他者を評価したり判断したりすることなしに無条件に受け入れ、他者を好きになり畏敬の念を感じること）である。

　治療的変化のためのこれら三つの条件は、健全なパーソナリティの発達を促すためにも必要な環境的条件であると、ロジャーズは信じていた。これらの環境的条件は、子どもの健全な成長にとって太陽の光や水のような栄養となり、適切な気温は健康的な植物の生命の栄養となる。

エクササイズ　1

　成長のためのこれら三つの条件の意味と意義を理解したならば、あなたの人生においてそれらが存在しているか、あるいは欠如しているかということに気づくだろうか。関係の存在と欠如という言葉で、あなたの現時点の発達についてこれら三つの条件の影響を確認することができるだろうか。

B　治療関係 (THE THERAPEUTIC RELATIONSHIP)

　ロジャーズは、セラピストによって確立された専門的な関係はあらゆる対人関係を制御する合法性の特別な例に過ぎないという仮説を立てた。つまり、どんな関係も、成長のための三つの教育的条件を与えれば、その関係は治療的になるだろうし、成長を高めるだろう。

　あなた自身の体験は、ロジャーズの仮説にとって意味をもち、意義あることであるかもしれない。

エクササイズ 2

a　あなたが他者とともに経験したなかでもっとも深く、意味深い関係について考えなさい（つまり次のような特別な対人関係である。たとえばあなたに最良の性質をもたらしたり、それを高めるような関係、またあなたを個人として成長させ成熟させるような関係、幸福感を与えるような意味深い関係のことである。）そうした関係の本質は何だったか。出来る限りベストを尽くして、言葉で書きなさい。

b あなたの友人は、その関係にどんな貢献をしたか。

c あなたは、その関係にどんな貢献をしたか。

d こうした治療関係（therapeutic relationship）があなたの人生とパーソナリティに
もたらしてきた影響と、結果としてあらわれた変化を確認してみなさい。次に、付録Bに
戻り、そうした変化と、クライエント中心療法（client-centered psychotherapy）におい
てクライエントが受ける指示に関するロジャーズの研究とを比較しなさい。

C　価値の条件 (CONDITIONS OF WORTH)

　子どもに価値の条件を押しつけると、両親からの肯定的関心 (positive regard) への生まれつきの欲求に対抗するための重要な自己経験 (self-experiences) を否定し、ゆがめることになる。したがって、両親に認められていると知覚している場合は、ある体験は自己構造 (self-structure) にとって価値があり、自己構築に組み入れられている。だから、子どもは自分自身の経験や人間としての評価の妥当性を軽視するかもしれない。したがって、価値の条件にする子どもの反応は、分離した自己という結果になりがちである。ロジャーズは、それを自己不一致の状態 (divided self) と呼んでいる。このことは、ロジェリアン理論において、二つの中心的概念を示唆している。

1　肯定的関心 (positive regard) への生まれつきの欲求
2　両親が押しつける条件付きの価値 (conditions of worth) に対抗するために子どものときに行う愚行 (self-compromises)

　言い換えれば、私たちは役割を演じることを学び、自分自身の性質を欺き、関心と是認と肯定的関心を受けるために両親の台本に従う。
　心理療法家であり著者でもあるシェルドン・コップ (Sheldon Kopp) (1977) は、このようなロジェリアンの原理について洞察的な提言をしている。

私たちはあまりにも頻繁に、自分自身よりも何か他のものになるよう励まされがちである。私たちは自分でない人物の態度をとり、他の誰かが描いたライフ・ヒストリーを実現するよう求められる。あらすじは与えられている。即興は受け入れられない。そして、指示は、密着した圧政という耐えがたい形をとる。神経症（Neurosis）の大部分は、何者かが成し遂げられなかった夢や直面していない心配にそって描かれた脚本に、ミスキャストとして入ってしまった結果である。(p. 4)

エクササイズ 3

a　シェルドン・コップの隠喩に続いて、あなたは誰かの台本に従うミスキャストであると感じたことがあるだろうか。議論しなさい。

b　私たちのなかで、無条件の肯定的関心（unconditional positive regard）を経験したことのある者はほとんどいないということは強調されなければならない。たとえば、私たちは発達において一致と不一致の両方を表しがちである。ロジャーズの一致（congruence）と不一致（incongruence）の概念を、コップの隠喩とを組み合わせて、以下のエクササイズに従ってあなたのパーソナリティの両面を述べなさい。

●あなたの不一致の自己（是認と肯定的関心を勝ち取るために価値の条件に対抗すること）。あなたが「舞台上」にいるときにあなたが演じた人物を、口頭で説明しなさい。

●あなたの一致の（現実の）自己。あなたが真実であると感じる人を説明しなさい。

　舞台上の人物（不一致の自己）と、より一致して真実の自己とのあいだの葛藤があるあなたの人生における最近の事柄や問題を選びなさい。あなたの不一致の自己と現実の自己のあいだでの対話を書きなさい。あなたの現実の自己は、舞台の人物に対してどんなことを言いたいか。このことを、あなたのパーソナリティの二つの矛盾する面のあいだでの自発的な相互作用にしよう。

現実の自己：

舞台の人物：

現実の自己：

舞台の人物：

現実の自己：

舞台の人物：

現実の自己：

舞台の人物：

現実の自己：

D　自分自身の経験を信頼する (TRUSTING YOUR OWN EXPERIENCE)

　　カール・ロジャーズは、意思決定をしたり賢い選択をしたりできないのは、生まれつき
の知恵を犠牲にした結果であると信じていた。その知恵は、肯定的関心を受けるための他
者の希望や意見のための私たち自身の経験のなかに含まれている。自分自身の経験を信頼
することは、ロジャーズの十分に機能的な人（fully functioning person）の重要な特徴
であり、一致の状態を示している。

　　従って、あなた自身の経験を信頼することは、重要なロジェリアンの概念であり、有機
体的な評価過程の重要な表現である。幼児や小さな子どもは、このような評価過程に容易
に、また自然に頼ってしまう傾向がある。

エクササイズ　5

a　あなた自身の経験に直接由来することのなかで、あなたが学んだ（あなた自身や「人生」、世界など）もっとも重要なことは何か。あなた自身の経験に直接由来する真実であると、なぜわかるのか。もし可能なら、こうした重要な個人的な知識に導いた経験について述べなさい。

b　あなたが最近行った重要な選択や決意は何か。それらはあなた自身の経験や仕事での有機体的な評価過程の妥当性を反映している。

E　アクティブ・リスニングと共感的理解
(ACTIVE LISTENING AND EMPATHIC UNDERSTANDING)

　　心理療法や健全な対人関係における共感の深い価値についての提言のなかで、ロジャーズは次のように述べている。「何年ものあいだ……研究による証拠が蓄積され、次のような結論を強く指摘している。つまり、関係における高度の共感は、変化と学習をもたらす上でもっとも有力な要因である」（1980, p. 139）

　　共感的な人は、聴く方法を知らなければならない。コミュニケーションにおいて感情に反応し、「感じられた」意味に反応するアクティブで共感的な聴き手は、他者の意味や感情という私的な世界に入り、他者が行うことを見て、この私的な世界に入り、倫理的な判断（moral judgments）や評価（evaluations）をすることなしに、応えるだろう。

クラスルーム・エクササイズ

a　パートナーを得て、話ができるような小さな私的な場所を見つけなさい。（もし、クラスルームのなかでこのことができない場合は、クラスの外でパートナーとこのエクササイズを行うようにしなさい。）学生Aと学生Bを決めなさい。

●学生Aは、学生Bがアクティブに聴いているあいだ、三分間話すこと。学生Aは、自分自身にとって最近興味があることについて話すかもしれない。三分経ったら、学生Bは、学生Aのメッセージにできる限り忠実な方法で、理解した内容を学生Aに復唱する。学生Aは、学生Bが省略したことを思い出し、伝達内容の復唱にあらわれた歪曲を修正しなければならない。

●次に役割を交代しなさい。学生Aはアクティブな聴き手となり、学生Bは三分間話しなさい。

b　ふたたび、ペアに分かれて、私的な場所を見つけなさい。

●今度は、学生Aは現在、自分にとって情緒的に重要（emotionally significant）な何かについて、三分間話すこと。（プライバシーの意識を侵害してはいけないが、分かち合うと心地よく感じるような、あなたの生活で最近出会った困難さや喜びについて話しなさい。学生Bは、今度は、情緒的（emotional）あるいは感情的な（affective）（感情）メッセージを聴くようにしなさい。学生Aが三分間の伝達を終えたら、学生Bは、自分が聴いた感情を強調して、共感的理解に反応するようにする。学生Aはふたたび、学生Bの反応を肯定したり、修正したりする。終わったら、こうした相互作用について議論しなさい。

●役割を交代し、以下の指示に従いなさい。

エクササイズ 6

a　以下に述べたことへの共感的理解に応じなさい（注1）。こうしたコミュニケーションに応じるときには、自分のことをカウンセラーであると考えなさい。クライエントたちの発表を読んだら、あなたがその人に反応するであろう内容を正確に書きなさい。あなたが共感的理解をもって反応すべきであることを覚えておきなさい。だから、診断しようとしたり、質問したり、判断したり、評価したり、アドバイスを与えてはいけない。あなたの応答は常に短くし、複雑にならないようにしなさい。あなたの応答が完成したら、付録Cをチェックしなさい。クライエントたちの語りに対して上手な応答と下手な応答の例があるだろう。

（注1）このエクササイズでの発表は、S．ウルフとC．M．ウルフとG．スピルバーグの『ウルフのカウンセリング技法評価ハンドブック』（オマハ：ナショナル・パブリケーション、1980）pp. 43, 47-48（S. Wolf, C. M. Wolf, & G. Spielberg, The Wolf Counseling Skills Evaluation Handbook（Omaha: National Publication, 1980), pp. 43, 47-48.）の許可を得て再掲されている。

●一番目のクライエント

「私は息子についてどうしたらよいか、わかりません。息子は16歳です。私は息子に話しかけられない——息子に近づけないのです。息子はもうひとつの国にいるみたいです。息子は私たちが裕福であること、私たちの服装、私たちの友人たち、私たちの考え方に腹を立てています。ええ、私の息子の目を見ると、憎しみが見えるだけなんです。」

応答：

●二番目のクライエント

「あなたに話すのは実はとても難しい——でも、これは私の問題なんです。私はシャイだと言われますが、それよりもっと悪いのです。人が回りにいると、私は隠れたくなるのです。私は彼らを見ることができないのです。」

応答：

●三番目のクライエント

「この保護観察官が、俺はここに来なければいけないと言ったんだ。俺は本当に「悪い」ことをしたと、彼は言ったよ。ああ、俺はスモーキングガラスを壊した。俺はまさに犯罪者だ！　あんたはカクテルを投げつけるぐらいできるだろう。でも、俺たちがマリファナを吸ったら、俺たちはつかまっちまう。それで、あんたは今、何をしようとしているんだい？　「悪い」マリファナ依存症を治してくれるのかい？」

応答：

b　以下のメッセージに共感的理解をもって応答しなさい。今回は、こうしたコミュニケーションに応答する際に、自分のことを友人だと思いなさい。あなたが友人に応えるように、言語表現による応答（verbatim responses）を正確に書きなさい。共感的応答（empathic responses）をすることを覚えておきなさい。

●**女性、18 歳**

「私は父のことを憎んでいます。理由はありません。父は牧師なんです——善良で正義の人です。父は私に手をあげたことはありません。でも、父に対して怖い気持ちがあるんです。その気持ちが私をひどく怯えさせます。……何も理由がないからです。」

応答：

●**男性、21 歳**

「彼女と結婚しようか？　あるいは自分の将来を考えようか？　もし、ある男が自分の将来を考えようとしたら——もし彼が野望を持っていて、もっと先へ進もうとするなら——彼は厳しくなって、感傷的なことは全部忘れてしまう。でも、僕はマリーを愛している——本当にそうなんです。もし僕たちが別れたら、僕はどうしたらいいか、わからない。」

応答：

クラスルーム・エクササイズ

　以上のエクササイズが終わったら、4 人から 6 人かそれ以上の小さなグループに分かれて、必要なら、二つの言語的メッセージへのあなたの応答について、議論しなさい。まず、それぞれの人が表現したり、表現しようとしている感情を確認しなさい。次に、あなた自身の応答を分かち合い、表現された共感の程度の点から議論しなさい。

F　まとめのエクササイズ

　パーソナリティについてのロジャーズの自己理論について、以上のエクササイズを行ってみて、あなた自身について学んだ重要なことは何か。どのエクササイズが、あなたにとってもっとも価値のあるものだったか。また、それはなぜか。

クラスルーム・エクササイズ

　小さなグループをつくって、このユニットで学び、重要だと気づいたことについて、おたがいに分かち合いなさい。20分か30分経ったらクラス全体で集まって、あなた方が主に学んだことを議論しなさい。

付録A

マズローのD－愛とB－愛（Maslow's D-Love and B-Love）

　以下のD－愛（D-Love）とB－愛（B-Love）の特徴は、マズローの『完全なる人間魂のめざすもの（Toward a Psychology of Being）』（1968，pp.42-43）に示されている。ユニット9のセクションDのエクササイズ5と6が終わったら、これらの特徴とあなたの反応を比較しなさい。

D－愛（D-Love）

D－愛の人は、不健康なやり方でお互いに依存している。

D－愛の人は、頻繁に葛藤（conflict）に陥る。人間関係においては、高度の不安－敵意（anxiety－hostility）が存在する。

D－愛の人は、人間関係において変化しないし、成長しないし、成熟もしない。

D－愛の人は、独占欲が強く（possessive）、束縛する（restricting）。

B－愛（B-Love）

B－愛の人は、広く受け入れられる治療効果（therapeutic effect）を持っている。パートナーたちは、経験のなかで変化し、成長する。

B－愛の人は、お互いにより独立していて、嫉妬深くない。

B－愛の人は、お互いに対して、最小の不安－敵意を抱いている。

B－愛の人は、独占欲がない。

B－愛の人は、常に喜びを与え、本質的に愉快である。

付録 B

ロジャーズのクライエント中心療法
(Rogers and Client-Centered Psychotherapy)

　クライエント中心療法（client-centered psychotherapy）においてクライエントたちが受けた以下の指示は、ロジャーズの『ロジャーズが語る自己実現の道（On Becoming a Person）』（1961, pp.167-175）を翻訳したものである。ユニット 10 のセクション B のエクササイズ 2 を終えたら、以下の指示とあなたの応答を比較しなさい。

正面から離れる——自分でない自己から離れる

「すべきであること（oughts）」から離れる——「こうあるべきである」という強制的な自分のイメージから離れる

期待に応えることから離れる——自分にこうあってほしいと期待する文化から離れる

他者を喜ばせることから離れる——他者の欲求に規定されることから離れる

自己指向（self-direction）から離れる——より独立し、より自律（autonomous）しようとする

経験への開放感——自己の経験に対してより自由になる

他者をより大きく受け入れる

自己をより強く信頼する

付録 C

ロジャーズと共感的理解（Rogers and Empathic Understanding）

　アクティブ・リスニング（active listening）と共感的理解（empathic understanding）は、変化の学習をもたらすにあたってとても重要であると、ロジャーズは信じていた。ユニット 10 のセクションＥのエクササイズ 6 で、あなたは三つの発話に対して共感的理解をもって応答するように求められた。以下の応答とあなたの応答を比較しなさい。以下の応答は評価者によって 5 段階（注 1）で評価されている。それぞれのケースで、あなたの応答は応答Ａと応答Ｂのどちらに近いだろうか。

　（注 1）以下の応答と評価者のコメントは、Ｓ．ウルフとＣ．Ｍ．ウルフとＧ．スピルバーグの『ウルフのカウンセリング技法評価ハンドブック』（オマハ：ナショナル・パブリケーション、1980）pp.43, 47-48（S. Wolf, C. M. Wolf, & G. Spielberg, The Wolf Counseling Skills Evaluation Handbook (Omaha: National Publication, 1980), pp.43, 47-48）の許可を得て再掲されている。

発話 1

応答Ａ：「おお、それは高圧的だと感じているに違いありません。あなたが愛して育てている人があなたを憎み、あなたはそれに耐えていると思っているのでしょう」
評価者のコメント：「この応答は説得力があり、共感的で、発話の本質を簡潔にわかりやすくまとめています。評価 5.0」
応答Ｂ：「あなたは息子さんを非難してあなたの価値を高めようとしていますか。息子さんにとって何が正しいかという意識を育て始めることができますか。息子さんがどのように生きて行きたいかを選ぶ選択権を与えなさい。彼を突き放しなさい！」
評価者のコメント：「こうした審判的で怒った発話は、カウンセラー自身の投影です。これは助言を与えていて、指示的で、寛容ではありません。評価 1.0」

発話 2

応答Ａ：「人とのどんな接触もとても怖くて怯えるようなものなので、あなたは消えてしまいたくなるのですね——それでは悪くなるばかりです」
評価者のコメント：「こうした強い共感的な発話は、クライエントのメッセージの本質以上のことを伝えています。最高のカウンセラー応答です。評価 5.0」
応答Ｂ：「あなたは本当に外に出て行きたいのですか。それとも安易に隠れたいのですか」

評価者のコメント：「この発話は、おそらくクライエントにショックを与えるでしょう。これは強い対決（confrontation）で、失礼で、おそらくクライエントを殻に閉じこめてしまうでしょう。評価 1.0」

発話 3

応答Ａ：「あなたはこれまでずっと不公平に扱われてきたと感じていますね。私の欠点はあなたの欠点と同じくらいひどいですよ──もしかしたら、もっとひどいかもしれません」

評価者のコメント：「性急で、説得力があり、共感的なこの発話は、カウンセラーが知覚したことを正確に話すことを怖れていることを示しています。そうしたことは、この状況を個人的なものにし、正確で、簡潔で、防御的でない（non-defensively）ものにしています。評価 4.5」

応答Ｂ：「少し時間を置きましょうか。もう少し情報を得て、それから話しましょう」

評価者のコメント：「この発話は、カウンセラーが状況をコントロールしていて、マナーの上で皮肉で失礼です。クライエントの現在の感情よりも「情報」のほうが重要であることを伝えています。評価 1.0」

参考文献

Erikson, E. (1959). *Identity and the life cycle: Selected papers*. New York: International Universities Press. (『自我同一性——アイデンティティとライフ・サイクル』小此木啓吾訳編、誠信書房、1973 年。『アイデンティティとライフサイクル』西平直・中島由恵訳、誠信書房、2011 年)

Erikson, E. (1964). *Insight and responsibility*. New York: W. W. Norton. (『洞察と責任——精神分析の臨床と倫理』鑪幹八郎訳、誠信書房、1971 年)

Hjelle, L., & Ziegler, D. J. (1981). *Personality theories: Basic assumptions, research, and applications*, 2nd ed. New York: McGraw-Hill.

Horney, K. (1937). *The neurotic personality of our time*. New York: W. W. Norton. (『現代の神経症的人格』我妻洋訳、誠信書房、1973 年)

Horney, K. (1966). *Our inner conflicts*. New York: W. W. Norton. (『心の葛藤』我妻洋・佐々木譲訳、誠信書房、1981 年)

Horney, K. (1970). *Neurosis and human growth*. New York: W. W. Norton. (『神経症と人間の成長』榎本譲・丹治竜郎訳、誠信書房、1998 年)

Kopp, S. (1977). *This side of tragedy*. Palo Alto, CA: Science and Behavior Books.

Maslow, A. (1950). Self-actualizing people: A study of psychological health. In W. Wolff (Ed.), *Values in personality research* (pp. 11-34). New York: Grune and Stratton.

Maslow, A. (1968). *Toward a psychology of being*, 2nd ed. New York: D. Van Nostrand. (『完全なる人間　魂のめざすもの』上田吉一訳、誠信書房、1964 年)

Rogers, C. R. (1961). *On becoming a person*. Boston: Houghton Mifflin. (『ロジャーズ主要著作集・3　ロジャーズが語る自己実現の道』諸富祥彦・末武康弘・保坂亨訳、岩崎学術出版社、2005 年)

Rogers, C. R. (1963). The actualizing tendency. In M. R. Jones (Ed.), *Nebraska symposium on motivation*, Vol. 11. Lincoln: University of Nebraska Press.

Rogers, C. R. (1980). *A way of being*. Boston: Houghton Mifflin. (『新版　人間尊重の心理学：わが人生と思想を語る』畠瀬直子訳、創元社、2007 年)

Williams, R. L., & Long, J. D. (1979). *Toward a self-managed life style*, 2nd ed. Boston: Houghton Mifflin.

Wolf, S., Wolf, C. M., & Spielberg, G. (1980). *The Wolf counseling skills evaluation handbook*. Omaha: National Publication.

著者について

ウィラード・フリック（Willard Frick）はアルビオン大学（Albion College）の心理学の教授である。彼はパーソナリティ理論（personality theory）とヒューマニスティック心理学（humanistic psychology）のコースを教えている。彼は、パーソナリティ理論と心理療法の分野で多くの著書がある。実践的な心理療法家であるフリック博士は、現在、ミシガン州のマーシャルにあるオークローン心理サービス（Oaklawn Psychological Services）のスタッフをつとめている。彼は、ヒューマニスティック心理学会の会員（Association for Humanistic Psychology）であり、『ヒューマニスティック心理学ジャーナル（Journal of Humanistic Psychology）』の准編集者でもある。

【訳者略歴】

菅沼　憲治（すがぬま　けんじ）

松蔭大学コミュニケーション文化学部生活心理学科教授／聖徳大学名誉教授
博士（心理学）。長野県生まれ。
1976年　日本大学大学院文学研究科心理学専攻博士課程満期退学
1991年-92年　カリフォルニア州立大学ロサンゼルス校カウンセラー教育学部留学
2005年　日本人初のアルバート・エリス研究所公認スーパーヴァイザー
　　　　　（NO.0398）に認定
千葉商科大学商経学部教授・専任カウンセラー、茨城大学大学院教育学研究科教授、
聖徳大学心理・福祉学部心理学科教授を歴任。
カウンセリング心理学専攻

主な著書
『アサーティブ行動入門』（科学情報企画）
『実践セルフ・アサーション・トレーニング』（共著、東京図書）
『セルフ・アサーション・トレーニング—エクササイズ集—』（東京図書）
『セルフ・アサーション・トレーニング—はじめの一歩—』（東京図書）
『現代のエスプリ REBT カウンセリング』（編集、ぎょうせい）
『アサーション・トレーニングの効果に関する実証的研究—四コマ漫画形式の心理
　　査定を用いて—』（風間書房）
『人生哲学感情心理療法入門』（編著、静岡学術出版）
『増補改訂 セルフ・アサーション・トレーニング』（東京図書）

主な訳書
『自己主張トレーニング』（共訳、東京図書）
『実践論理療法入門』（岩崎学術出版社）
『論理療法トレーニング』（監訳、東京図書）
『エリスとワイルドの思春期カウンセリング』（共訳、東京図書）
『感情マネジメント』（監訳、東京図書）
『親子感情マネジメント』（監訳、東京図書）などがある。

人から人に伝わるパーソナリティ心理学
—— 自己探求のワークブック ——

2020 年 3 月 31 日　初版第 1 刷発行

著　者　　ウィラード B. フリック
訳　者　　菅　沼　憲　治
発行者　　風　間　敬　子

発行所　株式会社　風　間　書　房
〒 101-0051　東京都千代田区神田神保町 1-34
電話 03（3291）5729　FAX 03（3291）5757
振替 00110-5-1853

印刷　堀江制作・平河工業社　製本　井上製本所